essen&leben

GRILLEN

Das Kochbuch

Edition
Fackelträger

Texte: Sylvia Winnewisser

Coverfoto oben: © Alexander Raths / fotolia

Coverfoto unten: © TLC Fotostudio

Fotos der Weine: Jochen Arndt www.jochenarndt.com

Fotos im Innenteil: Mauritius-images: S. 14 oben; S. 46 oben; S. 70 oben; S. 77 oben; S. 168 oben; S. 180 oben; S. 219 oben; S. 221 oben; S. 236 oben

Restliche Fotos: TLC Fotostudio

Weinempfehlungen: Anja Schröder, Matthias Martens, Planet Wein www.planet-weinhandel.de

Gesamtgestaltung: Fackelträger Verlag GmbH, Köln

Printed in EU

ISBN 978-3-7716-4392-8

www.fackeltraeger-verlag.de

essen & leben

GRILLEN

Das Kochbuch

Edition
Fackelträger

Grillen

Inhaltsverzeichnis

Vorwort

Wenn es draußen warm wird, die Tage länger und die Abende mild und lauschig sind, regt sich bei vielen Menschen eine feurige Leidenschaft.

In freier Natur stellen sie den Grill auf, entzünden die Kohlen und brutzeln in Abenteurermanier das Essen über dem offenen Feuer, wie dies die Menschen schon vor Urzeiten getan haben. Lagerfeuerromantik, Essen in der Natur und saftiges Grillgut lassen sofort die Stimmung steigen, machen allen Beteiligten Spaß und sind einfach eine rundum heiße Sache – kein Wunder, dass Grillen so beliebt ist.

Immer noch ist Fleisch das beliebteste Grillgut, gefolgt von Fisch, Geflügel und Gemüse. Beim Einkauf der Zutaten spielen in allen Fällen Frische und Qualität die entscheidende Rolle für den Geschmack.

Fleisch

Qualitativ hochwertiges Rind- und Schweinefleisch stammt aus ökologischer Haltung. Dieses Fleisch ist auch nach dem Grillen immer noch zart und saftig und nicht auf die Hälfte zusammengeschrumpft.

Vom Rind wird Steakfleisch bevorzugt. Rumpsteaks aus der Hüfte haben meist eine Sehne, die etwas eingeschnitten werden muss, damit sich das Fleisch beim Grillen nicht zusammenzieht. Sehr zart wird das Fleisch, wenn es vor dem Grillen in Öl mariniert wird. Es sollte erst nach dem Grillen gewürzt werden, da Salz die Feuchtigkeit aus dem Fleisch zieht und es zäh macht.

Schweinefleisch ist fetter als Rindfleisch, dadurch bleibt es auf jeden Fall saftiger. Steaks und Koteletts werden aus dem Schweinenacken geschnitten. Stammen sie aus dem Rücken, sind sie weniger fett und sollten vor dem Grillen eingelegt oder beim Grillen in Speck eingerollt werden. Schweinefilet ist sehr fettarm und braucht eine kräftige Ölmarinade, um saftig zu bleiben.

Sehr beliebt sind auch der gegrillte Schweinebauch und Schweinerippchen, auch als Schälrippchen oder Spareribs bekannt.

Lammfleisch findet sich immer häufiger auf dem Grillrost. Bis auf die Haxen können alle Teile des Lammes gegrillt werden: Koteletts, Steaks, Keule, Schulter und Hals. Die Koteletts werden einzeln oder über zwei Rippen geschnitten genutzt, wobei sie in letzterer Form saftiger bleiben. Die Keule kann ganz oder entbeint und in Scheiben geschnitten verwendet werden. Das Fett wird nicht entfernt, so bleibt das Fleisch saftig.

Geflügel

Geflügelfleisch muss absolut frisch sein. Die Haut sollte vor allem beim Entenbrustfilet, aber auch beim Hähnchen mitgegrillt werden. Unter ihr befindet sich eine dünne Fettschicht, die das Geflügelfleisch vor dem Austrocknen bewahrt. Häufiges Einpinseln mit Marinade macht die Haut während des Grillens schön knusprig.

Fische und Meeresfrüchte

Sie sind besonders gut zum Grillen geeignet, denn sie sind in wenigen Minuten gar und darüber hinaus auch besonders bekömmlich. Gegrillt werden ganze Fische, wie etwa Forellen, Makrelen oder Brassen, aber auch Fischfilets, -steaks und -koteletts. Vor allem das feste Fleisch von Seelachs, Zander und Kabeljau ist gut geeignet. Schwert- und Thunfisch liefern ebenfalls schmackhafte Steaks und Koteletts. Ganze Fische müssen vor dem Grillen ausgenommen und gut geschuppt werden. Besonders knusprig wird die Haut und das Fleisch gart gleichmäßiger, wenn der Fisch mehrmals bis auf die Gräten schräg eingeschnitten wird.

Garnelen lassen sich ohne Schale auf Spieße stecken oder mit Schale in Grillfolien oder direkt auf dem Rost garen, genauso wie große Muscheln. Wenn diese sich öffnen, sind sie gar. Bereits ausgelöstes Muschelfleisch, zum Beispiel von Jakobsmuscheln, kann man zum Grillen wunderbar auf Spieße stecken oder zusammen mit Gemüse in Folie grillen.

Gemüse und Pilze

Gemüse und Pilze lassen sich hervorragend auf dem Grill zubereiten. Sehr feste Sorten können vor dem Grillen einige Minuten blanchiert werden.

Viele Gemüsesorten werden jedoch sehr schnell weich und verbrennen leicht, sie müssen daher während des Grillens im Auge behalten werden. Wickelt man sie dagegen in Alufolie und lässt sie im eigenen Saft mit Gewürzen und Kräutern schmoren, schmecken sie unvergleichlich aromatisch, bleiben saftig und verbrennen nicht so schnell. Kartoffeln werden in Folie gewickelt und direkt in die Glut gelegt. Sie benötigen ebenso wie ganze Zwiebeln je nach Größe etwa 20 bis 30 Minuten zum Garen.

Noch ein Hinweis: Alles Geräucherte oder Gepökelte wie Kasseler, Bockwurst oder Schinken sollte dem Grill fernbleiben, denn beim Erhitzen bilden sich durch die Verbindung von dem im Fleisch enthaltenen Eiweiß mit dem Nitritpökelsalz Krebs erregende Nitrosamine.

Auch schwarz gefärbte Stellen am Grillgut sollten unbedingt abgeschnitten werden – der Gesundheit zuliebe.

Obst

Leckerer Abschluss eines netten Grillabends ist gegrilltes Obst. Eine Banane mit Honig, Apfelringe oder Ananasscheiben vom Grill schmecken einfach unvergleichlich gut. Mit einer cremigen Schokoladensauce und Sahne oder einer Kugel Vanilleeis serviert ist gegrilltes Obst noch köstlicher. Neben Ananas sind auch viele andere exotische Früchte wie Mango, Papaya und Kiwi grillgeeignet. Härteres Obst kann direkt auf dem Rost gegart werden, für weichere Sorten empfiehlt sich die Verwendung einer Grillschale.

Grillen ist nicht schwer, dennoch sollten einige Details beachtet werden.

Das Grillgut sollte anfangs kurz bei sehr großer Temperatur auf dem Grill angebraten werden.

Sobald es beginnt, sich zu verfärben, wird es an eine weniger heiße Stelle des Grills geschoben und noch mehrmals zwischen heiß und weniger heiß hin- und herbewegt, bis es gar ist.

Liegt Fleisch zu lange über hohen Temperaturen, beginnt der Saft auszutreten und zu verbrennen, das Fleisch trocknet aus.

Nach dem Grillen sollten Fleisch und Fisch noch einige Minuten ohne Hitze ruhen und nachgaren können.

Fett und Flüssigkeit von Marinade oder Öl darf nicht in die Glut tropfen. Auch das beliebte Bespritzen mit Bier ist keinesfalls ratsam. Denn der entstehende Rauch legt sich auf das Fleisch und wird mitgegessen oder eingeatmet, dabei enthält er die gesundheitsschädlichen PAK (Polyzyklisch aromatische Kohlenwasserstoffe). Bestimmten Kräutern wie Oregano, Thymian, Salbei und auch Senf wird nachgesagt, dass sie die schädliche Wirkung der PAKs vermindern. Dieses Problem entfällt übrigens beim Gas- und Elektrogrill.

Grillwerkzeug

Das Grillbesteck besteht mindestens aus einer Zange und einem Wender. Ideal sind zwei Grillzangen, eine für die Kohlen und eine für das Grillgut. Gabeln sind nur mit Vorsicht zu gebrauchen, denn sie sorgen beim Einstechen dafür, dass Flüssigkeit austritt und auf die Kohlen tropft, was zum einen zu unerwünschter Rauchentwicklung und zum anderen zum Austrocknen des Grillguts führt.

Spieße können aus Metall oder Holz bzw. Bambus oder auch aus Kräuterzweigen wie zum Beispiel von Lorbeer, Rosmarin oder Zitronengras bestehen. Kräuterzweige sehen nicht nur schön aus, sie geben dem Grillgut auch eine zusätzliche, geschmackliche Note. Spieße aus Naturmaterialien sollten jedoch vor dem Gebrauch mindestens 30 Minuten in kaltem Wasser eingeweicht werden. Dies verhindert, dass die Spieße auf dem Grill verbrennen.

Ursprünglicher ist es, Fleisch, Fisch, Geflügel und Gemüse direkt auf den Grillrost zu legen. Gesünder ist es, sie in Alufolie zu wickeln oder in Grillschalen zu legen. Diese haben außerdem den Vorteil, dass sie die austretenden Garsäfte auffangen. Damit kann das Grillgut auch wieder übergossen werden, wenn der Saft schmackhaft ist.
Auch der Grillrost kann mit Folie abgedeckt werden. Wird der Rost ohne Abdeckung genutzt, sollte er vor jedem Grillen gut eingeölt und nach dem Grillen natürlich auch wieder gut gereinigt werden.

Der richtige Grill

Die einfachste Lösung ist der selbst gebaute Grill. Dazu braucht man einen sicheren Ort, an dem ein Feuer entfacht werden kann und einen Grillrost zum Auflegen des Grillguts. Steht ein Garten oder eine geräumige Terrasse zur Verfügung, ist ein gemauerter Grill eine gute Entscheidung. Dem richtigen Standort sollte besonderes Augenmerk geschenkt werden: nicht zu nah an Häusern und Sträuchern.

Der gängigste Grilltyp für den Hausgebrauch ist der tragbare Holzkohlengrill mit einem Kohlenbecken, in dem das Feuer angezündet wird. Darauf liegt ein Rost, als Windschutz dient ein Alublech an der hinteren Seite. Weitere Kohlenbeckengrills sind der Säulengrill, das Grillfass und der Kugelgrill.

Beim Säulengrill, der meist aus Edelstahl besteht, werden die Kohlen durch Papier entzündet, das in die Säule gestreckt wird. Dadurch wird der Boden des Grills sehr heiß. Er muss daher auf festem Grund stehen.

Das Grillfass ist klein und steht auf Beinen. Um die Asche zu entfernen, gibt es eine Schublade. Belüftungsöffnungen beschleunigen die Verbrennung, sodass die Kohlen schneller durchgeglüht sind. Der Rost kann auf fünf verschiedene Höhen eingestellt werden.

Der Kugelgrill ist der komfortabelste unter den Kohlengrills. Er besteht aus emailliertem Stahl, ist rund und hat einen Deckel, der sich abnehmen lässt. Außerdem hat er verstellbare Belüftungsschlitze. Es gibt unterschiedliche Größen des Kugelgrills. Neueste Modelle grillen sogar indirekt, das heißt, dass die Kohlen in den Seitenschalen glühen und das Grillgut in der Mitte über einer Fettschale liegt. Auf diese Weise kann kein Fett in die Glut gelangen und die Hitze ist gleichmäßig verteilt, da auch Deckel und Boden die Hitze reflektieren. Der Deckel verhindert zudem große Flammenbildung. Auch große Fleischstücke können auf diese Weise äußerst zart gegrillt werden.

Der große Vorteil beim Gasgrill: Mit einem Knopfdruck wird der Grill entzündet, sofort nach dem Anzünden kann gegrillt werden. Da die Rauchentwicklung durch unsachgemäße Handhabung wesentlich geringer ist als beim Holzkohlegrill, ist er auch dann ideal, wenn die Nachbarn empfindliche Nasen haben. Durch Keramiksteine und emaillierte Stahlstäbe, auf die die Garsäfte tropfen können, bekommt das Grillgut dennoch ein gutes Grillaroma.

Für den Elektrogrill gilt Ähnliches wie für den Gasgrill. Er ist leicht zu handhaben, es entsteht kaum Rauch und etwa 10 Minuten nach dem Einschalten kann bereits gegrillt werden. Er ist der einzige Grill, der auch drinnen benutzt werden darf.

Richtig anheizen

Zum Anzünden kann man Zweige von Eichen, Buchen oder Obstbäumen verwenden. Nadelhölzer sind durch ihre Harze, die Rückstände bilden, nicht geeignet. Bei Kohle kann man zwischen Holzkohle und Briketts wählen, wobei man darauf achten sollte, dass die Brennstoffe nicht aus Tropenholz hergestellt worden sind.

Verwendet man Grillanzünder, ist es wichtig, dass sie kein Paraffin enthalten, da es Rückstände auf dem Grillgut verursacht. Die Würfel werden zwischen die Kohlen, das Holz oder Zeitungspapier gelegt. Außer Würfeln zum Anzünden gibt es außerdem Pasten und Gels, die aus pflanzlichen Materialien bestehen.

Flüssige Anzünder sollten sorgfältig gehandhabt werden. Auf keinen Fall dürfen Benzin oder Spiritus zum Anzünden verwendet werden. Es kann zu unkontrollierter Flammenbildung kommen, was jedes Jahr wieder zu schlimmen Grillunfällen führt. Flüssige Anzünder sollten generell gut verschlossen und von Kindern ferngehalten werden.

Wenn die Kohle glüht

Wenn die Kohlen rot glühen und mit einer weißen Ascheschicht bedeckt sind, kann Grillgut, das starke Hitze braucht, wie zum Beispiel dicke Fleischstücke, aufgelegt werden. Wird die Ascheschicht dicker, lässt die Temperatur nach. Jetzt können dünne Fleischscheiben, Gemüse und Obst gegrillt werden.

Zum Verändern der Temperatur werden die Kohlen leicht hin- und her-bewegt. Auch durch Schließen oder Öffnen der Belüftungsschlitze lässt sich die Temperatur regeln.

Mit Gemüse und Käse

Grillen ist eine der Tätigkeiten, bei der alle Beteiligten, ob klein oder groß, mit Begeisterung dabei sind.

Der Aufenthalt unter freiem Himmel, bei gutem Wetter und mit lieben Menschen um sich herum sorgt allein schon für beste Laune. Wenn dann noch der Duft von Gegrilltem den Garten erfüllt und man sich mit seinem Teller um den Grill drängt, das erste Stück frisch vom Rost ergattert und es hinterher wohlig verspeist, erreicht die Stimmung ihren Höhepunkt.

Beim Grillen ist für jeden etwas dabei – auch Gemüsefans kommen voll auf ihre Kosten. Die Kombination von Gemüse und Käse ist köstlich, exotische Gewürze oder mediterrane Kräuter sind dabei die natürlichen Appetitanreger. Leckere Dips und Beilagen unterstreichen den Geschmack von Zucchini, Aubergine und Mozzarella.

Mit Gemüse und Käse

Zum Grillen eignen sich die meisten Gemüsesorten, vor allem jene, die saftig und weich in der Konsistenz sind.

Die populärsten sind dabei Paprika, Zucchini, Aubergine und Kürbis, nicht zu vergessen die Tomate. Auch Zwiebeln und Pilze sind grillgeeignet – und Spargel. Gegrillter Zuckermais gehört zu jedem Barbecue, denn mit Kräuterbutter bestrichen schmeckt er unvergleichlich, allerdings muss Mais vor dem Grillen gekocht werden.

Und wer kennt sie nicht, die Kartoffeln – in Folie gewickelt und direkt in der Holzkohleglut gegrillt. Wir stellen Ihnen hier gegrillte Kartoffelspalten und Kartoffel-Wurst-Spieße vor, die Sie unbedingt probieren müssen.

Gemüse kann einfach mit Öl bestrichen und auf den Grill gelegt oder in einer Aluschale zubereitet werden. Gegrilltes Gemüse schmeckt als Beilage, als Salat oder in Kombination mit Fleisch, Wurst, Früchten und Käse.

Zum Grillen eignen sich viele Weichkäsesorten, je nach Zubereitung auch ein Hartkäse. Die Klassiker sind jedoch Schafs- und Ziegenkäse und der italienische Mozzarella. Diese Käsesorten sollten in Folie verpackt gegrillt werden – damit sie nicht „weglaufen". Sie können auch mit einer Gemüsescheibe umwickelt werden. Haloumi – ein halbfester Käse aus Kuh-, Schafs- oder Ziegenmilch lässt sich gut direkt auf dem Rost grillen oder in Gemüse-Käse-spießen verarbeiten. Bei einem Grill mit Haube lassen sich außerdem Sandwiches und Burger mit Käse überbacken.

AUBERGINE MIT SCHAFSKÄSE UND TOMATEN

ZUCCHINI MIT GOUDA UND TOMATEN

FENCHEL MIT ZIEGENKÄSE UND TOMATEN

AUBERGINE MIT GOUDA UND TOMATEN

ZUCCHINI MIT SCHAFSKÄSE UND TOMATEN

FENCHEL MIT MOZZARELLA UND TOMATEN

Haloumispieße mit Auberginen und Tomaten

Für 4 Portionen
2 Auberginen*
Salz
2 Scheiben Haloumi, etwa 3 cm dick*
1 Knoblauchzehe*
8 El Olivenöl*
16 Kirschtomaten*
Pfeffer

Zubereitungszeit: ca. 20 Minuten (plus Marinier-, Brat- und Grillzeit)
Pro Portion ca. 240 kcal/1010 kJ
15 g E · 18 g F · 5 g KH

Haloumispieße mit Auberginen und Tomaten

Die Auberginen waschen, trocken tupfen und in 0,5 cm dicke Scheiben schneiden. Mit etwas Salz bestreuen und 10 Minuten ziehen lassen. Den Haloumi in 3 cm große Würfel schneiden. Die Knoblauchzehe schälen, fein hacken und mit 8 El Olivenöl verrühren.

Die Auberginen abspülen und trocken tupfen. 2 El Knoblauchöl in einer Pfanne erhitzen und die Scheiben darin von beiden Seiten kurz anbraten. Herausnehmen und mit Salz und Pfeffer würzen

Die Tomaten waschen und trocken tupfen. In jede Auberginenscheibe ein Haloumistück wickeln und jeweils mit einer Kirschtomate auf Spieße stecken. Die Spieße mit dem restlichen Knoblauchöl einreiben und auf dem heißem Grill etwa 10 Minuten grillen. Mehrmals wenden.

* Die mit einem Sternchen versehenen Zutaten können ausgetauscht werden. Gewürze und Kräuter je nach Belieben.

2006 Weißburgunder & Chardonnay QbA trocken „Von der Insel" Schloss Reinhartshausen, Rheingau

Der vollmundige Körper des Weißburgunders verbindet sich elegant mit dem würzigen Aroma des Chardonnays mit intensivem, nachhaltigen Geschmack, gelungen mit cremigem Abgang.

Aubergine

Statt sie mit Salz zu bestreuen, können Sie die Aubergine auch etwa 15 Minuten in kaltes Wasser legen, um ihr die Bitterstoffe zu entziehen.

Gegrillte Maiskolben mit pikanter Butter

Gegrillte Maiskolben mit pikanter Butter
Das Öl in einer Pfanne erhitzen. Die Zwiebel fein hacken und im Öl glasig schmoren. Die Knoblauchzehen schälen und fein hacken. Zur Zwiebel geben und kurz mitschmoren. Chili- und Paprikapulver, Kreuzkümmel und Cayennepfeffer zugeben und alles etwa 1 Minute schmoren. 100 ml Wasser und den Zuckersirup zugeben und köcheln, bis die Masse andickt. Abkühlen lassen.

Für 4 Portionen
2 El Olivenöl
1/2 rote Zwiebel
2 Knoblauchzehen
1 El Chilipulver
2 Tl Paprikapulver
1 Tl gerösteter Kreuzkümmel
1/2 Tl Cayennepfeffer
2 Tl Zuckersirup
200 g ungesalzene Butter
1 Tl Worcestersauce
Salz
Pfeffer
8 Maiskolben

Zubereitungszeit: ca. 30 Minuten
(plus Koch-, Kühl- und Grillzeit)
Pro Portion ca. 465 kcal/1953 kJ
3 g E · 45 g F · 12 g KH

Die Butter im Mixer mit der Worcestersauce und der Würzmischung weich rühren. Mit Salz und Pfeffer abschmecken. Für 30 Minuten kalt stellen.

Die Maiskolben säubern, die Fäden entfernen, die Blätter am Kolben lassen. Die Kolben 10 Minuten in einen Topf mit kaltem Wasser und 1 Tl Salz geben. Herausnehmen, Wasser abschütteln und die Kolben in die Blätter gehüllt auf den vorgeheizten Grill legen. Etwa 20 Minuten grillen, mehrmals wenden. Wenn die Körner weich sind, die Kolben vom Grill nehmen und noch heiß mit der Würzbutter bestreichen.

Currybutter

200 g Butter mit 1 Tl Currypulver, Salz und etwas Pfeffer im Mixer verrühren. Für 30 Minuten kalt stellen. Dann zu den gegrillten Maiskolben servieren.

Röstzwiebelbutter

2 geschälte und fein gehackte Zwiebeln in 1 El Öl in der Pfanne unter Rühren knusprig braun rösten.

200 g Butter im Mixer weich rühren und die Röstzwiebeln unterheben. Für 30 Minuten kalt stellen.

Für 4 Portionen
750 g Austernpilze
2 Knoblauchzehen
1 Zwiebel
1 Salbeizweig
4 El Olivenöl
1 Tl grob zerkleinerter weißer Pfeffer

Zubereitungszeit: ca. 20 Minuten
(plus Brat- und Grillzeit)
Pro Portion ca. 81 kcal/340 kJ
5 g E · 6 g F · 3 g KH

Pilze vom Grill mit Salbeiöl

Pilze vom Grill mit Salbeiöl
Die Pilze putzen, feucht abreiben, die Stiele kürzen und die Pilze vierteln. Die Knoblauchzehen schälen und halbieren. Die Zwiebel schälen und in Ringe schneiden. Den Salbei waschen, trocken schütteln, die Blätter abzupfen und in dünne Streifen schneiden. Das Olivenöl in einer Pfanne erhitzen, den Pfeffer, Knoblauch und die Salbeistreifen zum Öl geben und ohne Hitze einige Zeit ziehen lassen.

Die Pilze mit den Zwiebelringen in eine Alu-Grillschale legen, das Salbeiöl darüberträufeln.

Die Pilze etwa 10 Minuten grillen, mehrmals wenden und immer wieder mit Öl bestreichen.

Tipp

Austernpilze verderben leicht. Daher sollten sie möglichst frisch verarbeitet werden. In einer Papiertüte können sie einige Tage im Kühlschrank aufbewahrt werden, doch sie dürfen nicht feucht werden.

Kürbis mit Orangenglasur

Kürbis mit Orangenglasur
Den Kürbis putzen, waschen, in Spalten schneiden und die Kerne und weißen Innenhäute entfernen. In kochendem Salzwasser etwa 10 Minuten köcheln, bis das Fleisch bissfest ist.

Für 4 Portionen
4 Eichelkürbisse
Salz
abgeriebene Schale von
1 unbehandelten Orange
600 ml frisch gepresster Orangensaft
100 g brauner Zucker
6 Pimentkörner
2 Zimtstangen
2 El ungesalzene Butter
Pfeffer

Zubereitungszeit: ca. 20 Minuten (plus Koch- und Grillzeit)
Pro Portion ca. 217 kcal/911 kJ
2 g E · 2 g F · 44 g KH

Inzwischen die Orangenschale mit dem Saft, dem Zucker, den Pimentkörnern und den Zimstangen in einem Topf zum Kochen bringen und bei mittlerer Temperatur die Flüssigkeit auf etwa 200 ml einkochen. Den Topf vom Herd nehmen, Pimentkörner und Zimtstangen entfernen und die kalte Butter in den Sirup rühren.

Den Kürbis abgießen, abtropfen lassen und trocken tupfen. Die angeschnittenen Seiten mit Orangenglasur bestreichen. Mit den eingestrichenen Seiten nach unten auf den vorgeheizten Grill legen und etwa 7 Minuten goldbraun grillen. Wenn der Grill einen Deckel hat, diesen schließen. Die Kürbishälften wenden und weitere 15 bis 20 Minuten bei geschlossenem Deckel grillen, bis das Fleisch ganz weich ist. Öfter mit der restlichen Glasur bestreichen.

Kräuterquark
500 g Sahne- oder Magerquark mit 1 Bund frisch gehackten gemischten Kräutern oder 1 Packung TK-Kräuter verrühren und mit Salz und Pfeffer abschmecken.

Quark mit roten Zwiebeln
500 g Sahnequark mit 2 El Milch verrühren. 2 rote Zwiebeln schälen, fein hacken, in 1 El Öl glasig schmoren. Mit dem Quark mischen und mit Salz und Pfeffer abschmecken.

2005 Gewürztraminer
Léon Beyer, Alsace

Helles Gelb mit grünen Reflexen. In der Nase finden wir dann die typischen würzigen Aromen und eine elegante Rosenaromatik. Der Wein präsentiert sich fruchtig mit trockenem Finish und vollem Körper.

Süßkartoffelstück

Süßkartoffelstücke mit Cranberry-Whisky-Glasur

Die Süßkartoffeln gut waschen und in einem Topf mit kochendem Salzwasser etwa 15 Minuten bissfest garen. Abgießen, abtropfen und abkühlen lassen. Anschließend jede Kartoffel vierteln.

Den Cranberry-Saft mit dem Zucker, dem Zimt, dem Cayennepfeffer und 1/4 Tl Salz verrühren und in einem Topf zum Kochen bringen. Unter Rühren etwa 10 Minuten köcheln, bis die Mischung auf 150 ml eingekocht ist. Den Whisky einrühren und eine weitere Minute kochen. Vom Herd nehmen und abkühlen lassen.

Die Süßkartoffelviertel auf allen Seiten mit Rapsöl einstreichen und salzen. Auf den heißen Grill legen und mehrmals mit Cranberry-Glasur einstreichen. Etwa 6 Minuten grillen, bis sie goldbraun sind.

nit Cranberry-Whisky-Glasur

Für 4 Portionen
4 mittelgroße Süßkartoffeln
Salz
600 ml Cranberry-Saft
60 g brauner Zucker
1/2 Tl gemahlener Zimt
1/4 Tl Cayennepfeffer
1 El Whisky (Bourbon)
50 ml Rapsöl

Zubereitungszeit: ca. 20 Minuten
(plus Koch- und Grillzeit)
Pro Portion ca. 425 kcal/1785 kJ
3 g E · 14 g F · 70 g KH

Süßkartoffeln

Süßkartoffeln oder Bataten stammen aus Mittelamerika. Trotz des Namens sind sie nicht mit der Kartoffel verwandt, sie gehören vielmehr zu den Winden. Die Blätter der Süßkartoffeln können wie Spinat zubereitet werden. Von den über 400 Sorten gibt es zwei Hauptgruppen: eine mehlig kochende und eine, die durch Kochen weich und saftig wird.

Gemüsespieße

Gemüsespieße

Die Knoblauchzehen schälen und fein hacken. Die Kräuter waschen, trocken schütteln, die Blätter und Nadeln abzupfen und fein hacken. Die Chilischote putzen, entkernen und in dünne Ringe schneiden. Diese Zutaten mit dem Olivenöl verrühren, den Ketchup und den Aceto einrühren und mit Salz und Pfeffer abschmecken.

Den Fenchel putzen, äußere harte Blätter entfernen, die Knollen etwa 10 Minuten in kochendem Salzwasser garen, abgießen, abtropfen lassen und in Viertel schneiden. Die Zucchini und Paprikaschoten putzen, Paprika entkernen, waschen. Beide Gemüsesorten in Scheiben bzw. mundgerechte Stücke schneiden. Die Schalotten schälen und achteln. Das Gemüse mit dem Würzöl übergießen und 1 Stunde marinieren.

Anschließend das Gemüse abwechselnd auf Holzspieße stecken und etwa 10 Minuten grillen. Währenddessen mit dem Würzöl bestreichen.

Für 4 Portionen
4 Knoblauchzehen
je 2 Thymian- und Oreganozweige
1 Rosmarinzweig
1 rote Chilischote
200 ml Olivenöl
1 El Ketchup
1 El Aceto Balsamico
Salz, Pfeffer
2 Fenchelknollen
4 kleine Zucchini
je 2 rote und grüne Paprikaschoten
1 gelbe Paprikaschote
4 Schalotten

Zubereitungszeit: ca. 20 Minuten (plus Koch-, Marinier- und Grillzeit)
Pro Portion ca. 318 kcal/1333 kJ
7 g E · 27 g F · 13 g KH

SPARGEL MIT ZIEGENKÄSE

KÜRBIS MIT SCHAFSKÄSE

SPARGEL MIT MANCHEGO BESTREUT

PAPRIKA MIT ZIEGENFRISCHKÄSE

SPARGEL UND TOMATEN MIT MOZZARELLA

STANGENSELLERIE MIT PARMESAN GEGRILLT

Spargel mit Schafskäse

Für 4 Portionen
1,25 kg grüner Spargel*
8 El Olivenöl*
Salz
Pfeffer
250 g Schafskäse*

Zubereitungszeit: ca. 30 Minuten (plus Grillzeit)
Pro Portion ca. 290 kcal/1218 kJ
17 g E · 22 g F · 6 g KH

Spargel mit Schafskäse
Den Spargel waschen, die holzigen Enden abschneiden, Spargelstangen im unteren Drittel schälen und auf ein gefettetes Backblech legen. Mit 3 El Olivenöl bestreichen und mit Salz und Pfeffer würzen. Im Ofen unter dem heißen Grill etwa 5 Minuten bissfest grillen, mehrmals wenden.

Die Spargelstangen auf einer Platte anrichten. Restliches Öl, Salz und Pfeffer verrühren und den Spargel damit beträufeln. Den Schafskäse in Würfel schneiden und über den Spargel streuen.

Dazu passen z. B. blaue Kartoffeln.

* Die mit einem Sternchen versehenen Zutaten können ausgetauscht werden. Gewürze und Kräuter je nach Belieben.

Blaue Kochkartoffeln – in Frankreich auch als Trüffelkartoffeln bezeichnet – haben ein leicht nussiges Aroma. Sie sollten geschält werden.

2007 Grauer Burgunder Kabinett trocken Weingut Münzberg, Pfalz

Birnenaromen dominieren diesen Wein. Zarte Noten von Zitronengras und jungem Heu komplettieren das Aromenspektrum. Er präsentiert sich leicht und frisch und ist eine südpfälzische Antwort auf den Pinot Grigio.

2007 Pinot Grigio
Tenuta Palmadina, Friuli

Ein typischer Vertreter seiner Art: Grüngelb bis Goldgelb mit einem zartem Duft von Holunderblüten und komplexen, filigranen Fruchtaromen.

Am Gaumen trocken, körperreich und fruchtig.

Gegrilltes Gemüse mit Oliven-Käsefüllung

Gegrilltes Gemüse mit Oliven-Käsefüllung
Die Paprikaschoten waschen, oben einen Deckel abschneiden, unten gerade schneiden, sodass sie stehen können. Die Schoten entkernen und die weißen Innenhäute entfernen. Von den Tomaten oben einen Deckel abschneiden und die Kerne herauslösen. Mit der offenen Seite nach unten abtropfen lassen. Das Gemüse mit Salz und Pfeffer würzen.

Für die Füllung den Ricotta mit den Eiern verrühren. Die Frühlingszwiebeln putzen, waschen, in breite Ringe schneiden. Die Oliven abtropfen lassen, entkernen und in Scheiben schneiden. Beides unter den Ricotta mischen. Mit Kräutersalz, Pfeffer, Worcestersauce und Zitronensaft abschmecken. Das Paniermehl zum Binden unterheben. Die Ricottamasse in das Gemüse füllen. Auf die mit Olivenöl bestrichene Alufolie stellen und auf dem heißen Grill garen. Mit Basilikum garniert servieren.

Für 4 Portionen
je 2 rote und grüne Paprikaschoten
4 Gemüsetomaten
Salz
Pfeffer
250 g Ricotta
3 Eier
1/2 Bund Frühlingszwiebeln
50 schwarze Oliven aus dem Glas
1 Knoblauchzehe
Kräutersalz
Worcestersauce
Saft von 1/2 Zitrone
50 g Paniermehl
3 El Olivenöl
Basilikum zum Garnieren

Zubereitungszeit: ca. 20 Minuten (plus Grillzeit)
Pro Portion ca. 318 kcal/1333 kJ
17 g E · 19 g F · 19 g KH

Tomatentapenade

100 g getrocknete Tomaten, 100 g entsteinte schwarze Oliven mit je geschälten Schalotte und Knoblauchzehe, 3 Anchovisfilets, 3 El gehackten Kapern, 1/4 Bund gehacktem Basilikum, 1 El frisch gehacktem Thymian und 3 El Olivenöl im Mixer fein pürieren und mit Salz und Pfeffer abschmecken. Vor dem Servieren durchziehen lassen.

Oliventapenade

Je 100 g entsteinte schwarze und grüne Oliven, 5 Anchovisfilets, 1 geschälte Knoblauchzehe, 3 El abgetropfte Kapern, 2 El Kräuter der Provence, 2 El Zitronensaft und 3 El Olivenöl im Mixer fein pürieren und mit Salz und Pfeffer abschmecken.

Vor dem Verzehr etwa 30 Minuten durchziehen lassen.

- Für 4 Portionen
- 4 Tomaten
- 1 Zucchini
- ½ Bund Frühlingszwiebeln
- 2 Knoblauchzehen
- 3 El Olivenöl
- 400 g Schafskäse
- 4 Thymianzweige
- Salz, Pfeffer
- Alufolie

Zubereitungszeit: ca. 20 Minuten (plus Grillzeit)
Pro Portion ca. 300 kcal/1260 kJ
19 g E · 23 g F · 4 g KH

Schafskäse in der Folie

Schafskäse in der Folie
Die Tomaten waschen, von den Stielansätzen befreien und in Scheiben schneiden. Die Zucchini putzen, waschen und in 0,5 cm dicke Scheiben schneiden. Die Frühlingszwiebeln putzen, waschen und in dünne Ringe schneiden. Den Knoblauch schälen und in dünne Scheiben schneiden. Knoblauch mit 2 El Olivenöl und den Frühlingszwiebeln mischen.

4 ausreichend große Stücke Alufolie zurechtschneiden und mit dem restlichen Olivenöl einstreichen. Den Käse in 4 Scheiben schneiden und jeweils 1 Scheibe auf ein Stück Folie legen. Das Gemüse darüber verteilen. Die Ölmischung darauf geben und je 1 Thymianzweig dazu legen. Die Folie über dem Käse schließen und die Päckchen etwa 10 Minuten auf den heißen Grill legen. Die Gemüse-Schafskäsemischung aus der Folie lösen und auf einem Teller anrichten. Mit frischem Fladenbrot servieren.

Baguette vom Grill mit Fontina und Pilzpesto

Für 4 Portionen
30 g getrocknete Steinpilze
650 g große Champignons
50 ml Rapsöl
Salz, Pfeffer
2 geröstete Knoblauchzehen
30 g geröstete Pinienkerne
1 Bund glatte Petersilie
2 Tl frische Thymianblättchen
150 ml Olivenöl
6 El geriebener Pecorino
1 Baguette
275 g frisch geriebener Fontina

Zubereitungszeit: ca. 30 Minuten (plus Einweich- und Grillzeit)
Pro Portion ca. 838 kcal/3518 kJ
29 g E · 76 g F · 11 g KH

Baguette vom Grill mit Fontina und Pilzpesto

Die getrockneten Steinpilze 30 Minuten in heißem Wasser einweichen. Die Champignons putzen, Stiele kürzen, Pilze feucht abreiben und mit dem Rapsöl einstreichen. Mit Salz und Pfeffer würzen. Auf dem Grill mit dem Kopf nach unten etwa 5 Minuten grillen, wenden und weitere 5 Minuten grillen, bis die Pilze weich sind. Abkühlen lassen und fein hacken.

Die Steinpilze abgießen und mit 3 El des Einweichwassers und den Champignons pürieren. Die gerösteten Knoblauchzehen und Pinienkerne zugeben. Die Petersilie waschen, trocken schütteln und hacken. Mit den Thymianblättchen und 100 ml Olivenöl in den Mixer geben und pürieren. Den Pecorino unterrühren und das Pesto mit Salz und Pfeffer abschmecken.

Das Baguette vierteln und die Viertel längs halbieren. Mit dem restlichen Olivenöl einstreichen und würzen. Auf dem Grill mit der geölten Seite nach unten 1 Minute grillen. Jede Hälfte mit Pilzpesto bestreichen und mit Fontina bestreuen. Auf dem Grill mit geschlossenem Deckel weitere 2 Minuten grillen, bis der Käse geschmolzen ist. Mit Petersilie garniert servieren.

Spareribs

1 kg vorbereitete Spareribs mit einer Glasur aus 5 El Honig, 1 Tl Senf, Salz und Pfeffer bestreichen und auf dem Grill von jeder Seite etwa 5 Minuten knusprig grillen.

Schaschlik

Für Schaschlik schneiden Sie je 300 g Schweine- und Rindfleisch in mundgerechte Würfel und stecken Sie abwechselnd mit Stücken von roter Paprika und Zwiebel auf Holzspieße. Mit Salz, Pfeffer und Paprikapulver würzen und mit Öl einstreichen. Auf dem Grill etwa 15 bis 20 Minuten garen.

Chicken Wings

Baguette vom Grill sind eine herrliche Beilage für die Chicken Wings von Seite 140/141. Bestreichen Sie die Hühnerflügel mit Chili-Olivenöl und etwas Honig, damit sie schön knusprig werden.

Zwiebelspieß

Zwiebelspieße mit Speck und Backpflaumen

Die Backpflaumen mit Zimtstange, Nelke, Zitronenschale und Wein in einem Topf etwa 5 Minuten köcheln. Dann die Früchte in einem Sieb abtropfen lassen, den Sud auffangen und auf die Hälfte einkochen lassen. Zimtstange und Nelke entfernen, Chilisauce und Öl einrühren.

Die Perlzwiebeln schälen. Die Speckscheiben halbieren und je 1 Backpflaume darin einwickeln. Abwechselnd mit den Perlzwiebeln auf Spieße stecken. In eine Alu-Grillpfanne geben und etwa 8 Minuten auf dem heißen Grill zubereiten. Mehrmals mit der Marinade einstreichen. Dazu passt Reis.

nit Speck und Backpflaumen

Für 4 Portionen
24 Backpflaumen
1/2 Zimtstange
1 Gewürznelke
1 Stück unbehandelte Zitronenschale
150 ml Weißwein
2 El Chilisauce
2 El Sesamöl
500 g frische Perlzwiebeln
12 Scheiben durchwachsener Speck

Zubereitungszeit: ca. 20 Minuten (plus Koch- und Grillzeit)
Pro Portion ca. 383 kcal/1607 kJ
11 g E · 7 g F · 60 g KH

Tipp

Zu den Zwiebelspießen schmecken Blumenkohl- und Brokkoliröschen mit Gorgonzola.

Salat aus gegrilltem Brot und Gemüse

Salat aus gegrilltem Brot und Gemüse

Den Spargel wie auf Seite 32/33 beschrieben grillen. Anschließend in 3 cm große Stücke schneiden. Das Brot von beiden Seiten auf dem heißen Grill etwa 1 Minute grillen. Anschließend in 1 cm große Würfel schneiden. Die Knoblauchzehen schälen und fein hacken. Den Essig mit Knoblauch, dem restlichen Öl, Salz und Pfeffer zu einem Dressing verrühren. Die Tomaten waschen, halbieren, die Stielansätze herausschneiden. Die Zwiebel schälen und in dünne Ringe schneiden. Die Oliven entsteinen und hacken, die Kapern abtropfen lassen.

Die Zutaten mit dem Spargel und den gegrillten Brotwürfeln mischen. Das Dressing darüber geben, gut durchmischen und mit Salz und Pfeffer abschmecken. Den Salat etwa 30 Minuten durchziehen lassen. Schmeckt zu gegrilltem Fleisch und Fisch.

Für 4 Portionen
500 g grüner Spargel
120 ml Olivenöl
Salz, Pfeffer
6 Scheiben Bauernbrot vom Vortag
2 Knoblauchzehen
40 ml Rotweinessig
8 rote Kirschtomaten
8 gelbe Kirschtomaten
1 rote Zwiebel
50 g schwarze Oliven
2 El Kapern aus dem Glas

Zubereitungszeit: ca. 30 Minuten
(plus Grillzeit und Zeit zum Durchziehen)
Pro Portion ca. 445 kcal/1869 kJ
6 g E · 36 g F · 25 g KH

Tipp

Geben Sie die gegrillten Brotwürfel erst kurz vor dem Servieren zum Salat. Dann sind sie noch knusprig und nicht durchgeweicht.

ZUCCHINI MIT KNOBLAUCH-VINAIGRETTE

KÜRBIS MIT THYMIAN-VINAIGRETTE

TOMATEN MIT BASILIKUM-VINAIGRETTE

ZUCCHINI MIT NUSS-VINAIGRETTE

KÜRBIS MIT PETERSILIEN-VINAIGRETTE

TOMATEN MIT KAPERN-VINAIGRETTE

Zucchini mit Dill-Vinaigrette

Für 4 Portionen
3 El Weißweinessig*
1 Tl frisch gepresster Limonensaft*
2 Tl Honig*
2 Tl Senf*
4 El frisch gehackter Dill*
Salz
Pfeffer
125 ml Olivenöl*
3 Zucchini*

Zubereitungszeit: ca. 20 Minuten (plus Grillzeit)
Pro Portion ca. 313 kcal/1312 kJ
2 g E · 32 g F · 5 g KH

Zucchini mit Dill-Vinaigrette
Den Essig mit dem Limonensaft, dem Honig, dem Senf, 3 El gehacktem Dill im Mixer verrühren. Mit Salz und Pfeffer abschmecken. Während des Rührens 100 ml Olivenöl zugeben und zu einer cremigen Sauce mischen.

Die Zucchini putzen, längs vierteln, mit dem restlichen Olivenöl bestreichen und mit Salz und Pfeffer würzen. Auf dem heißen Grill von allen Seiten etwa 8 Minuten goldbraun grillen.

Die Zucchini vom Grill nehmen, jedes Viertel halbieren. Auf Tellern anrichten und mit der Dill-Vinaigrette beträufeln. Mit dem restlichen Dill bestreut servieren.

* Die mit einem Sternchen versehenen Zutaten können ausgetauscht werden. Gewürze und Kräuter je nach Belieben.

Nudeln
Zu den gegrillten Tomaten mit Basilikum-Vinaigrette passen Spaghetti mit etwas Olivenöl beträufelt.

Gemüsereis
Basmatireis mit gegarten Paprika- und Karottenwürfeln passt zu gegrillten Paprika.

Risotto
Cremiger Risotto ist ideal zu den gegrillten Zucchini mit Dill-Vinaigrette.

Gegrillte Auberginen und Feigencaponata

Gegrillte Auberginen und Feigencaponata
Die Aubergine putzen, waschen und in 1 cm dicke Scheiben schneiden. Die Zwiebel schälen und in Ringe schneiden. Die Tomaten waschen, halbieren und den Stielansatz entfernen. Auberginen, Zwiebel und Tomaten mit dem 50 ml Olivenöl beträufeln und mit Salz und Pfeffer würzen. Die Auberginen auf dem heißen Grill etwa 8 Minuten grillen, die Zwiebeln etwa 4 Minuten und die Tomaten 2 Minuten von jeder Seite, bis das Gemüse weich ist. Vom Grill nehmen und in mundgerechte Würfel schneiden.

Für 4 Portionen
1 Aubergine
1 Gemüsezwiebel
2 Eiertomaten
150 ml Olivenöl
Salz, Pfeffer
3 Knoblauchzehen
1 Prise Chiliflocken
50 ml Rotweinessig
1 El Honig
6 frische Feigen
30 g grüne Oliven
2 El Kapern
3 El Rosinen
2 El Pinienkerne
3 El frisch gehackte Petersilie
1 El frisch gehackte Oregano

Zubereitungszeit: ca. 30 Minuten
(plus Grillzeit und Zeit zum Durchziehen)
Pro Portion ca. 203 kcal/864 kJ
3 g E · 15 g F · 13 g KH

Die Knoblauchzehen schälen und fein hacken. Mit den Chiliflocken, dem Essig, Honig, dem restlichen Olivenöl mischen und mit Salz und Pfeffer würzen.

Die Feigen würfeln, die Oliven entsteinen und hacken. Die Kapern abtropfen lassen. Die Rosinen in heißem Wasser einweichen und nach 10 Minuten herausnehmen.

Feigen, Oliven, Kapern und Rosinen mit Auberginen, Zwiebeln und Tomaten, den Pinienkernen, Petersilie und Oregano mischen und 30 Minuten durchziehen lassen. Schmeckt zu gegrilltem Geflügel oder nur mit Brot.

ollkornbrot

us 1 Päckchen Trockenhefe, ½ Tl ucker, 300 g Dinkelvollkornmehl nd 150 g Weizenvollkornmehl so- ie 500 ml warmem Wasser einen efeteig bereiten. Daraus kleine rote formen und auf ein gefettetes ackblech setzen und im Backofen ei 200 °C (Umluft 180 °C) etwa Stunde 15 Minuten backen. Varm mit gerösteten Sonnenblu- enkernen bestreuen.

Bauernbrot

Aus ½ Würfel frischer Hefe, je 500 g Weizen- und Roggenmehl, 1 Tl Salz und 500 ml warmem Wasser einen Hefeteig herstellen und 20 Minuten gehen lassen. Danach gut durchkneten kleine Brote oder Brötchen formen. Auf einem gefetteten Backblech erneut gehen lassen. Dann im vorgeheizten Backofen bei 250 °C (Umluft 225 °C) etwa 50 bis 60 Minuten backen.

Für 4 Portionen
4 Kolben Gemüsemais
Salz
je 1 grüne und rote Paprikaschote
120 g Butter
2 Knoblauchzehen
je 1/2 Bund frisch gehackter Schnittlauch und gehackte Petersilie
2 El Barbecuesauce

Zubereitungszeit: ca. 20 Minuten
(plus Grillzeit)
Pro Portion ca. 330 kcal/1386 kJ
5 g E · 27 g F · 18 g KH

Paprika-Mais-Spieße

Paprika-Mais-Spieße
Die Maiskolben putzen, Blätter und Härchen entfernen und in kochendem Salzwasser etwa 10 Minuten bissfest garen. Aus dem Topf nehmen und gut abtropfen lassen. In 3 bis 4 cm dicke Scheiben schneiden. Die Paprikaschoten putzen, waschen, entkernen und in mundgerechte Stücke schneiden. Maisscheiben und Paprikastücke abwechselnd auf Holzspieße stecken.

Die Spieße in gefettete Alufolie einwickeln und auf dem Grill etwa 25 Minuten garen. Inzwischen die Butter mit 1 Tl Salz, den geschälten und gehackten Knoblauchzehen und den Kräutern vermischen.
5 Minuten vor Ende der Garzeit die Alufolie öffnen und die Spieße mit der Mischung bestreichen. Mit der Barbecuesauce servieren.

Tipp
Frischen Mais erkennen Sie daran, dass eine milchige Flüssigkeit austritt, wenn Sie die Körner mit dem Fingernagel einritzen. Dunkle Körner weisen daraufhin, dass der Mais alt ist.

Gefüllte Pilze mit Tomaten und Mozzarella

Für 4 Portionen
150 g Kabanossi
1 rote Zwiebel
2 Knoblauchzehen
6 El Olivenöl
1/4 Tl Chilipulver
100 ml Rotwein
250 g frischer Blattspinat
2 El frisch gehackte Basilikumblätter
2 El frisch gehackte Petersilie
Salz, Pfeffer
300 g Mozzarella
4 große Portobello-Pilze
2 Tomaten

Zubereitungszeit: ca. 30 Minuten (plus Grillzeit)
Pro Portion ca. 493 kcal/2069 kJ
25 g E · 40 g F · 5 g KH

Gefüllte Pilze mit Tomaten und Mozzarella
Die Kabanossi in kleine Würfel schneiden. Die Zwiebel und die Knoblauchzehen schälen und fein hacken. 2 El Olivenöl in einer Pfanne erhitzen, die Kabanossiwürfel darin 3 Minuten anrösten, herausnehmen und auf Küchenpapier abtropfen lassen. Die Zwiebeln und Knoblauchzehen in die Pfanne geben und 3 Minuten schmoren. Das Chilipulver einrühren und 1 Minute mitschmoren. Die Kabanossiwürfel wieder hinzufügen, den Wein angießen und fast vollständig einkochen lassen.

Den Spinat putzen, waschen, trocken schleudern und in Streifen schneiden. Mit 100 ml Wasser in die Pfanne geben und zusammenfallen lassen. Pfanne vom Herd nehmen und die Kräuter einrühren. Mit Salz und Pfeffer abschmecken. Den Mozzarella würfeln und ebenfalls unter die Pfannenmischung heben. Etwas abkühlen lassen.

Die Pilze putzen, feucht abreiben, die Stiele entfernen. Mit dem restlichen Olivenöl bestreichen und mit Salz und Pfeffer würzen. Auf dem heißen Grill von beiden Seiten etwa 4 Minuten grillen. Herunternehmen, die Füllung hineingeben und jeden Pilz mit 1 Tomatenscheibe belegen. Die Pilze erneut auf den Grill legen und etwa 5 Minuten überbacken. Sofort servieren. Dazu schmeckt schmeckt Reis.

Rettichsalat

1 großen weißen Rettich (ca. 300 g) schälen und in feine Stifte schneiden. 2 rote Zwiebeln schälen und in feine Ringe schneiden. Zum Rettich geben. Aus 3 El Apfelessig, 3 El Rapsöl, Salz und Pfeffer ein Dressing bereiten und den Salat damit vermischen. Mit 1/2 Bund gehackter Petersilie bestreuen.

Cherrytomatensalat

400 g Cherrytomaten waschen, den Stielansatz entfernen und die Früchte vierteln. 2 geschälte, halbierte und in Ringe geschnittene Schalotten zugeben und den Salat mit einem Dressing aus 3 El weißem Balsamico, 3 El Olivenöl, Salz und Pfeffer mischen. Mit 2 El frisch gehacktem Basilikum bestreuen.

Gurkensalat

1 Schlangengurke waschen, halbieren und in Scheiben schneiden. 1 geschälte und fein gehackte rote Zwiebel zugeben. Aus 3 El Himbeeressig, 1/2 Tl Zucker, 3 El Sonnenblumenöl, Salz und Pfeffer ein Dressing bereiten und den Salat damit mischen. Mit 2 El frisch gehacktem Dill bestreuen.

Gegrillte Kartoffelspalte

Gegrillte Kartoffelspalten mit pikanter Tomatencreme

Die Kartoffeln gut waschen und mit der Schale in kochendem Salzwasser etwa 15 Minuten garen. Abgießen, abtropfen und abkühlen lassen. Jede Kartoffel anschließend in Spalten schneiden.

Die Tomaten waschen, trocken tupfen, mit 2 El Öl einstreichen und auf dem heißen Grill etwa 10 Minuten grillen, bis die Haut stark gebräunt ist. Vom Grill nehmen, die Stielansätze und Häute entfernen, dann fein hacken und mit der Mayonnaise mischen. Die Knoblauchzehen schälen und hacken. Die Chilischote putzen, entkernen und fein hacken. Mit den Knoblauchzehen, Paprikapulver und Tomatenmark zur Mayonnaise geben und alles im Mixer pürieren. Mit Salz und Pfeffer abschmecken.

Die Kartoffelspalten mit dem restlichen Öl einstreichen und auf dem heißen Grill etwa 3 Minuten von jeder Seite goldbraun grillen. Vom Grill nehmen und mit Petersilie bestreuen. Mit der Tomatencreme beträufeln und servieren. Passt zu gegrilltem Fleisch und Fisch.

nit pikanter Tomatencreme

Für 4 Portionen
8 große Kartoffeln
Salz
2 Tomaten
6 El Olivenöl
150 g Mayonnaise
3 Knoblauchzehen
1 rote Chilischote
2 Tl Rosenpaprikapulver
3 El Tomatenmark
Salz, Pfeffer
2 El frisch gehackte Petersilie

Zubereitungszeit: ca. 20 Minuten (plus Koch- und Grillzeit)
Pro Portion ca. 589 kcal/2289 kJ
8 g E · 39 g F · 46 g KH

Petersilie wurde früher wegen ihrer heilenden Eigenschaften geschätzt. Es werden die drei Sorten krause, glatte und Wurzelpetersilie unterschieden, wobei die letztere wegen ihrer Wurzeln angebaut wird, die wie Schwarzwurzeln gegessen werden können. Die anderen beiden Sorten werden roh zum Würzen von Speisen verwendet. Petersilienblätter regen den Kreislauf und Appetit an und regeln die Verdauung.

Tomaten vom Grill mit Sesamdressing

Tomaten vom Grill mit Sesamdressing

Die Knoblauchzehe schälen und fein hacken. Den Reisessig mit dem Honig, den Chiliflocken, dem Knoblauch, der Sojasauce, dem Sesamöl, Salz, Pfeffer und dem Rapsöl verrühren. Die gerösteten Sesamsamen unterheben.

Für 4 Portionen
1 Knoblauchzehe
50 ml Reisessig
2 Tl Honig
1 Tl Chiliflocken
1 El Sojasauce
2 Tl Sesamöl
Salz
Pfeffer
50 ml Rapsöl
2 El geröstete Sesamsamen
1 kg Tomaten

Zubereitungszeit: ca. 15 Minuten
(plus Grillzeit und Zeit zum Durchziehen)
Pro Portion ca. 204 kcal/855 kJ
3 g E · 17 g F · 9 g KH

Die Tomaten waschen, trocken tupfen. Auf dem heißen Grill etwa 5 bis 8 Minuten – je nach Größe – grillen, bis die Haut sich gut abschälen lässt. Die Tomaten vom Grill nehmen und die Haut entfernen. Die Tomaten vierteln und in einer Schüssel mit dem Sesamdressing beträufeln. Etwa 4 Stunden durchziehen lassen.

Schmeckt gut zu gegrilltem Fleisch und Geflügel.

Tipp

Zum Rösten von Sesamsamen geben Sie die Samen ohne Fett in eine Pfanne, denn sie enthalten genügend Fett. Unter ständigem Rühren die Sesamkörner goldgelb rösten, bis sie aromatisch duften. Sie sollen nicht schwarz werden.

KARTOFFELSPIESSE MIT SPECK

KARTOFFELSPIESSE MIT PILZEN

KARTOFFELSPIESSE MIT WÜRSTCHEN

KARTOFFELSPIESSE MIT HÄHN-
CHENBRUST

KARTOFFELSPIESSE MIT PAPRIKA

KARTOFFELSPIESSE MIT MEDITER-
RANEM GEMÜSE

Kartoffelspieße mit Chorizo

Für 4 Portionen
1 kg kleine Kartoffeln
250 g Chorizo*
2 El Sonnenblumenöl*
1 El frische Majoranblättchen*
1 El frische Rosmarinnadeln*
1 El gemahlener Kümmel*
Salz, Pfeffer
500 g Zwiebeln*
1 El Olivenöl*
200 ml Sahne*
2 El Weißwein*
Zucker*

Zubereitungszeit: ca. 20 Minuten (plus Koch- und Grillzeit)
Pro Portion ca. 600 kcal/2520 kJ
24 g E · 35 g F · 46 g KH

Kartoffelspieße mit Chorizo
Die Kartoffeln gut waschen und mit Schale in kochendem Salzwasser etwa 10 Minuten garen. Abgießen und abkühlen lassen. Die Chorizo in 0,5 cm dicke Scheiben schneiden. Die Kartoffeln abwechselnd mit der Wurst auf Spieße stecken. Nach Bedarf die Kartoffeln halbieren. Die Spieße mit Öl bestreichen und mit den Kräutern und Kümmel, Salz und Pfeffer würzen. Auf dem heißen Grill goldbraun garen.

Die Zwiebeln schälen und in dünne Scheiben schneiden. Das Öl in einer Pfanne erhitzen und die Zwiebelscheiben darin glasig schmoren. Sahne und Wein angießen und mit Salz, Pfeffer und Zucker abschmecken. Die Kartoffelspieße mit der Zwiebelsahne servieren.

* Die mit einem Sternchen versehenen Zutaten können ausgetauscht werden. Gewürze und Kräuter je nach Belieben.

Salami
Probieren Sie die Kartoffelspieße auch mit Scheiben von italienischer Eselssalami.

Fleischwurst
Gegrillte Putenfleischwurstscheiben geben den Kartoffelspießen ein feines Aroma und sind kalorienarm.

Kabanossi
Mit Kabanossi als Zutat bekommen die Kartoffelspieße ein würziges, leicht pfeffriges Aroma.

Fenchel mit Roquefort

Fenchel mit Roquefort

Die Macadamianüsse hacken und in einer Pfanne ohne Fett leicht rösten und etwas abkühlen lassen. Den Roquefort mit einer Gabel zerdrücken und mit den Nüssen mischen. Mit Salz, Pfeffer und Cayennepfeffer würzen.

Die Fenchelknollen waschen, putzen und den harten Strunk sowie die äußeren Blätter entfernen. Das Grün beiseite legen. Die Fenchelknollen halbieren und mit Zitronensaft beträufeln.

Das Fenchelgrün fein hacken und unter die Käse-Nuss-Creme rühren. Die Masse auf die Schnittflächen der Fenchelhälften streichen und die Knollen wieder zusammensetzen. Jede Knolle in ein Stück gefettete Alufolie wickeln und auf dem heißen Grill etwa 10 Minuten grillen. Dabei mehrmals wenden. Mit Grillkartoffeln servieren.

Für 4 Portionen
50 g Macadamianüsse
125 g Roquefort
Salz
Pfeffer
Cayennepfeffer
4 Fenchelknollen
Saft von 1/2 Zitrone
Öl für die Folie

Zubereitungszeit: ca. 20 Minuten (plus Grillzeit)
Pro Portion ca. 288 kcal/1208 kJ
11 g E · 24 g F · 6 g KH

Kartoffelgratin

00 g gekochte Kartoffeln in Scheien schneiden und in eine feuerfete Form schichten. Mit Salz und feffer würzen. 100 g Schmand, 0 ml Sahne und 50 ml Milch michen, darübergießen und im Ofen ei 200 °C (Umluft 180 °C) goldraun überbacken.

Sahnekartoffeln

750 g Kartoffeln in Salzwasser garen, abgießen, pellen und in Stücke schneiden. 1 geschälte und gehackte Zwiebel in 2 El heißer Butter glasig schmoren. Die Kartoffeln zugeben, mitschmoren, 200 ml Sahne dazugießen und mit Salz und Pfeffer abschmecken. Mit gehackter Petersilie bestreuen.

Für 4 Portionen
4 große Kartoffeln (à 250 g)
150 g geräucherter Mozzarella
20 g Parmesan
1/2 Bund Basilikum
3 El Sahne
20 g weiche Butter
1 El Senf
Salz
Cayennepfeffer

Zubereitungszeit: ca. 20 Minuten
(plus Koch- und Grillzeit)
Pro Portion ca. 348 kcal/1459 kJ
14 g E · 15 g F · 38 g KH

Gefüllte Kartoffeln vom Grill

Gefüllte Kartoffeln vom Grill
Die Kartoffeln gründlich waschen, trocken tupfen und in Alufolie wickeln. Auf dem Rost im vorgeheizten Backofen bei 250 °C (Umluft 220 °C) etwa 40 Minuten garen. Die Kartoffeln aus der Folie nehmen und weitere 10 Minuten garen. Abkühlen lassen.

Den Mozzarella in kleine Würfel schneiden, den Parmesan reiben, das Basilikum waschen, trocken schütteln und in feine Streifen schneiden.

Die Kartoffeln halbieren und das Innere bis auf einen schmalen Rand an der Schale mit einem Löffel herauslösen. Die Kartoffelmasse mit Sahne, Butter, Senf und Parmesan verrühren und mit Salz und Cayennepfeffer abschmecken. Die Mozzarellawürfel und das Basilikum unterheben. Die Masse wieder in die Kartoffelhälften füllen und auf dem heißen Grill etwa 15 Minuten goldbraun grillen.

Salat aus gegrilltem Gemüse

Für 4 Portionen
1 Zucchini
½ Butternusskürbis
10 Paradiestomaten
1 rote Paprikaschote
150 ml Olivenöl
Salz, Pfeffer
1 Schalotte
3 El Rotweinessig
1 El Zitronensaft
2 Tl Honig
5 Knoblauchzehen
3 El frisch gehacktes Basilikum
8 Scheiben Ciabatta

Zubereitungszeit: ca. 30 Minuten
(plus Grillzeit und Zeit zum Durchziehen)
Pro Portion ca. 488 kcal/2048 kJ
5 g E · 38 g F · 31 g KH

Salat aus gegrilltem Gemüse
Das Gemüse putzen und waschen. Die Zucchini und den Kürbis längs halbieren. Mit 5 El Olivenöl bestreichen und mit Salz und Pfeffer würzen. Beide Gemüsesorten auf dem heißen Grill mit der Schnittfläche nach unten etwa 4 Minuten grillen. Wenden und von der anderen Seite ebenfalls 4 Minuten grillen. Die Tomaten und die Paprikaschote etwa 8 Minuten grillen, bis sie von allen Seiten goldbraun sind.

Das Gemüse vom Grill nehmen, die Paprikaschote in einer Schüssel abgedeckt 10 Minuten stehen lassen. Zucchini und Kürbis in Würfel schneiden, die Tomaten halbieren. Die Paprikaschote schälen, entkernen und würfeln.

Den Essig mit dem Zitronensaft und dem Honig verrühren. 3 Knoblauchzehen schälen und dazudrücken. Mit Salz und Pfeffer abschmecken. Das restliche Olivenöl dazugeben. Das Gemüse mit der Vinaigrette mischen. Das Basilikum unterheben. Abgedeckt etwa 1 Stunde durchziehen lassen.

Die Brotscheiben auf dem Grill rösten und mit den restlichen Knoblauchzehen einreiben. Den Gemüsesalat auf das Knoblauchbrot geben und servieren.

Zu gegrilltem Gemüse schmeckt **Geflügel**, wie zum Beispiel knusprig gegrillte Hähnchenschenkel, die in einer Marinade aus Honig und zerstoßenem Pfeffer serviert werden.

Gegrillte **Lachsstücke** mit einer Sauce aus Pfefferbutter bilden die Fischvariante zum Gemüse.

Auch ein pikant gegrilltes **Schweinesteak** passt zu Gemüse vom Grill. Das Fleisch mit einer Paprika-Öl-Mischung bestreichen.

Gefüllte Dillzwiebeln
Die Gemüsebrühe aufkochen. Die Zwiebeln mit der Schale in der kochenden Brühe blanchieren. Herausnehmen, abtropfen lassen, halbieren und mit einem Löffel das Innere herauslösen. Das Zwiebelfleisch fein hacken. Das Brot in kleine Würfel schneiden. Den Sellerie schälen und klein würfeln. Brot- und Selleriewürfel mit der Zwiebelmasse mischen, mit Zitronensaft beträufeln. Den Apfel schälen, entkernen, hacken und unterheben.

Das Öl erhitzen und die Mischung darin unter Rühren etwa 3 Minuten schmoren. Abkühlen lassen. Thymian und Dill fein hacken und unter die Masse rühren.

Die Masse pikant abschmecken und in die Zwiebeln füllen. Auf 16 Stück gefettete Alufolie legen und verschließen. Auf dem heißen Grill etwa 20 Minuten grillen. In der Folie servieren. Dazu schmeckt Reis.

Gefüllte Dillzwiebeln

Für 4 Portionen
500 ml Gemüsebrühe
16 mittelgroße rote Zwiebeln
1 Scheibe Brot
100 g Sellerie
2 El Zitronensaft
1 Apfel
4 El Olivenöl
1 Tl Thymian
1/2 Bund Dill
Salz
Pfeffer
Butter für die Folie

Zubereitungszeit: ca. 20 Minuten
(plus Koch-, Schmor- und Grillzeit)
Pro Portion ca. 204 kcal/857 kJ
5 g E · 10 g F · 23 g KH

Rote Zwiebeln sind wesentlich milder im Geschmack als die herkömmlichen weißen und auch weniger scharf im Geruch. Sie werden daher auch von Menschen gut vertragen, die sonst Zwiebeln nicht mögen. Deshalb eignen sie sich gut zum Füllen. Sellerie und Apfel unterstreichen den leicht süßlichen Geschmack, den gegarte Zwiebeln haben.

Gegrillte Champignons mit Ziegenkäse und Has

usspesto

Gegrillte Champignons mit Ziegenkäse und Haselnusspesto

Die Petersilie und die Basilikumblätter waschen, trocken schütteln und mit den Haselnüssen sowie den geschälten Knoblauchzehen im Mixer fein pürieren. Das Oliven- und Haselnussöl langsam einfließen lassen, Parmesan zugeben und alles fein verrühren. Mit Salz und Pfeffer würzen. Das Haselnusspesto beiseite stellen.

Für 4 Portionen
2 Bund glatte Petersilie
8 Basilikumblätter
75 g Haselnüsse
2 Knoblauchzehen
60 ml Olivenöl
1 El Haselnussöl
3 El frisch geriebener Parmesan
Salz, Pfeffer
4 große Champignons
3 El Rapsöl
175 g Ziegenkäse
Petersilie zum Garnieren

Zubereitungszeit: ca. 20 Minuten (plus Grillzeit)
Pro Portion ca. 443 kcal/1859 kJ
18 g E · 40 g F · 4 g KH

Die Champignons putzen, feucht abreiben, die Stiele entfernen. Mit dem Rapsöl einstreichen und mit Salz und Pfeffer würzen. Die Pilze auf dem heißen Grill mit der Hutseite zuerst etwa 4 Minuten grillen, dann wenden und von der anderen Seite ebenfalls 4 Minuten grillen.

Die Pilze vom Grill nehmen. Den Ziegenkäse in Würfel schneiden. Die Pilze mit Pesto und Ziegenkäse füllen und mit Petersilie garniert servieren.

Tipp

Statt der Champignons können Sie auch die großen Portobellopilze nehmen oder frische Parasolpilze.

CHICORÉE IN DER KÄSEHÜLLE

CHICORÉE MIT GEKOCHTEM SCHINKEN UMHÜLLT

STAUDENSELLERIE IN FRÜH-STÜCKSSPECK

ZUCCHINI IN DER SCHINKEN-HÜLLE

SPARGEL IN DER SCHINKENHÜLLE

LAUCH IN DER SCHINKEN-KÄSE-HÜLLE

Chicorée in der Schinkenhülle

Für 4 Portionen
4 Chicoréestauden*
Salz
Pfeffer
1 Tl Zitronensaft*
1 cl Armagnac*
16 Scheiben luftgetrockneter Schinken*
2 El Butter
1/2 Bund Kerbel*
1/2 Bund Zitronenmelisse*

Zubereitungszeit: ca. 10 Minuten (plus Grillzeit)
Pro Portion ca. 86 kcal/362 kJ
9 g E · 4 g F · 2 g KH

Chicorée in der Schinkenhülle
Die Chicoréestauden putzen, waschen, halbieren, den bitteren Kern entfernen. Die Stauden mit Salz, Pfeffer, Zitronensaft und Armagnac kräftig würzen. Jede Chicoréehälfte mit je 2 Scheiben Schinken umwickeln. 8 Stück Alufolie mit Butter einfetten und die Chicoréehälften darin einwickeln. Auf dem heißen Grill etwa 20 bis 25 Minuten garen, dann aus der Folie wickeln. Die Kräuter waschen, trocken schütteln und fein hacken. Über die Chicorée streuen und servieren.

* Die mit einem Sternchen versehenen Zutaten können ausgetauscht werden. Gewürze und Kräuter je nach Belieben.

Pfeffersauce
Je 100 g Joghurt und Crème fraîche miteinander verrühren und 2 Tl grob zerstoßene gemischte Pfefferkörner unterheben. Mit Salz abschmecken.

Käsesauce
100 ml Sahne mit 50 g frisch geriebenem Gouda mischen und unter Rühren erwärmen, bis der Käse geschmolzen ist. 100 g Joghurt unterheben.

Zwiebelsauce
2 gehackte Zwiebeln in 1 El Butter schmoren. Mit 1 El frisch gehackten Kräutern, 1 El Mayonnaise und 200 g saurer Sahne mischen.

Gefüllte Tomaten vom Grill

Gefüllte Tomaten vom Grill

Den Reis in der kochenden Brühe nach Packungsanweisung garen. Den Thunfisch abtropfen lassen und mit einer Gabel zerpflücken. Die Fleischtomaten waschen und oben einen Deckel abschneiden. Das Tomateninnere mit einem Löffel herauslösen und die Tomaten von innen salzen.

Für 4 Portionen
- 75 g Reis
- 250 ml Gemüsebrühe
- 150 g Thunfisch aus der Dose
- 8 Fleischtomaten
- Salz
- 1 Knoblauchzehe
- 1 El Rosinen
- 1 El frisch gehackte Petersilie
- 1 El frisch gehacktes Basilikum
- Pfeffer
- 6 El Olivenöl

Zubereitungszeit: ca. 20 Minuten
(plus Koch- und Grillzeit)
Pro Portion ca. 245 kcal/1027 kJ
10 g E · 14 g F · 21 g KH

Die Knoblauchzehe schälen und fein hacken. Die Rosinen heiß abspülen und abtropfen lassen. Das Tomatenfruchtfleisch hacken und mit dem Thunfisch, Knoblauch, Rosinen, den Kräutern, Salz und Pfeffer mischen.

Den Reis abgießen, abtropfen lassen und mit dem Olivenöl unter die Mischung heben. Alles in die Tomaten füllen, Deckel aufsetzen und in 4 Stück Alufolie wickeln. Auf dem Grill etwa 30 Minuten garen.

leischbällchen

us 500 g Lammfleisch, gewürzt
nit 1 geschälten und gehackten
wiebel, Salz, Pfeffer, 1 Tl Paprika-
ulver und 1 Tl frisch gehacktem
hymian, kleine Fleischbällchen
rmen und auf Spieße stecken.
uf dem Grill 10 Minuten grillen.
lit Würzjoghurt zu den gegrillten
omaten reichen.

Döner

In Gewürzen, Joghurt und Öl marinierte Fleischscheiben von Rind oder Lammfleisch auf einen Drehspieß stecken und grillen. Wenn die äußeren Schichten knusprig gegrillt sind, abschneiden und zu den gefüllten Tomaten reichen.

Für 4 Portionen
100 g Schafskäse
16 Kirschtomaten (gelb/rot)
4 kleine Zucchini
150 g Gruyère
2 El Kräuter der Provence
4 El Olivenöl

Zubereitungszeit: ca. 15 Minuten (plus Grillzeit)
Pro Portion ca. 232 kcal/974 kJ
17 g E · 16 g F · 4 g KH

Käse-Gemüse-Päckchen

Käse-Gemüse-Päckchen
Den Schafskäse in Würfel schneiden. Die Tomaten waschen und halbieren. Die Zucchini putzen, waschen und längs einschneiden. Den Gruyère in dünne Streifen schneiden und in die Einschnitte der Zucchini stecken.

12 Stücke Alufolie auslegen und mit 2 El Öl einstreichen. Die Tomaten und Schafskäsewürfel auf 8 Stücke Folie verteilen und mit 1 El Kräuter der Provence bestreuen.

Die Zucchini mit dem Käse auf die restlichen 4 Folienstücke legen und mit den übrigen Kräutern bestreuen. Das Gemüse mit dem restlichen Öl bestreichen und die Päckchen verschließen. Auf dem heißen Grill etwa 10 Minuten grillen. Mehrmals wenden. Mit Baguette servieren.

Folienkartoffeln mit zweierlei Dips

Für 4 Portionen
12 mittelgroße Kartoffeln

Kräuterdip
1/2 Bund Petersilie
1/2 Bund Schnittlauch
1 Knoblauchzehe
150 g Quark
Salz, Pfeffer

Lachs-Dip
150 g Räucherlachs
180 g Crème fraîche
1 El Limettensaft
1 El frisch gehackten Dill
Salz, Pfeffer

Zubereitungszeit: ca. 20 Minuten (plus Koch- und Grillzeit)
Pro Portion ca. 413 kcal/1733 kJ
20 g E · 17 g F · 45 g KH

Folienkartoffeln mit zweierlei Dips

Die Kartoffeln unter fließendem Wasser gut abbürsten und in kochendem Wasser etwa 15 Minuten mit Schale garen. Abgießen, abtropfen und etwas abkühlen lassen. Anschließend die Kartoffeln kreuzweise einschneiden und einzeln in Alufolie einwickeln. Auf dem heißen Grill etwa 10 bis 15 Minuten grillen. Mehrmals wenden.

Für den Kräuterdip die Kräuter waschen, trocken schütteln und den Knoblauch schälen und fein hacken. Beides mit dem Quark vermischen. Mit Salz und Pfeffer abschmecken.

Für den Lachsdip den Lachs in feine Würfel schneiden und mit den restlichen Zutaten mischen. Mit Salz und Pfeffer abschmecken.

Die Dips zu den Folienkartoffeln reichen. Dazu schmeckt ein gemischter Salat.

Wirsing

1/2 Kopf geputzten Wirsing in feine Streifen schneiden. 2 El Butterschmalz erhitzen und die Wirsingstreifen darin unter Rühren 2 Minuten anschmoren. 200 ml Gemüsebrühe angießen und weitere 5 Minuten schmoren. Mit Salz, Pfeffer abschmecken, mit 2 El Sahne verfeinern.

Weißkohl

1/2 geputzten Weißkohl und 1/2 rote Paprikaschote in dünne Streifen schneiden. 2 Minuten in kochendem Wasser blanchieren und abgießen. Mit Salz, Pfeffer und 1 Prise Kreuzkümmel würzen.

Rosenkohl

500 g geputzten Rosenkohl in kochendem Salzwasser etwa 7 Minuten garen, abgießen. 2 El Butter erhitzen und den Rosenkohl darin 3 Minuten wenden. Mit Salz, Pfeffer und gemahlener Muskatnuss würzen. Mit 3 El Crème fraîche servieren.

Mit Fleisch und Geflügel

Grillen – das heißt nicht nur zu Hause im eigenen Garten den Grill aufzustellen und die Holzkohle anzuzünden.

Mit Grillen verbindet manch einer auch das Gefühl von Abenteuer, Freiheit, Urlaub und fernen Ländern. Wenn viele um ein selbst entzündetes Feuer herumsitzen und die mitgebrachten Würstchen oder Steaks an einem Spieß ins prasselnde Feuer halten und man hinterher bei Gitarrenmusik und Wein über Gott und die Welt redet und nichts unmöglich erscheint – das ist die gute alte Lagerfeuerromantik, wie man sie aus dem Kino kennt und vielleicht von einem Aufenthalt im australischen Outback, der andere vom letzten Campingurlaub mit der Familie. Tatsächlich kann man auch in unseren Breiten außer im eigenen Garten an vielen Orten im Freien grillen, wenn man bestimmte Regeln einhält. Zum Beispiel stehen in Parks und Freizeitgeländen oft Grillplätze zur Verfügung.

Mit Fleisch und Geflügel

Zu einem richtigen Grillereignis gehört natürlich auch ein Stück Fleisch oder Geflügel auf den Grill.

Die Klassiker sind die guten alten Grillwürste und das Grillsteak und -kotelett. Doch die Variationsmöglichkeiten für Grillgut und Vorbereitung sind weitaus größer und abwechslungsreicher, wie Sie auf den folgenden Seiten sehen werden. Allein womit ein Stück Schweine-, Lamm- oder Rindfleisch vor dem Grillen eingelegt werden kann oder mit welcher Glasur es während des Grillens bestrichen wird, dazu gibt es zahlreiche sehr leckere Rezepte. Probieren Sie zum Beispiel die Lammchops mit Honigglasur oder Rindersteaks mit einer Glasur aus Feigen und Rotwein. Auch verschiedene Butterzubereitungen sind köstlich zum Verfeinern von Grillfleisch und Geflügel. Ob Mittelmeer- oder Orientküche, amerikanisch, asiatisch oder arabisch, natürlich auch gut bürgerlich deutsch – zu jeder Variante finden Sie leckere Grillrezepte, die das eintönige Würstchengrillen vergessen lassen. Ein gefüllter Spießbraten mit mediterranen Kräutern wird Sie überzeugen oder das marinierte Kalbsfilet mit Orangensauce, wenn nicht die scharf marinierte Entenbrust in Kokos. Zu den meisten Rezepten finden Sie auch die Rezepte von ausgefallenen Beilagen, die wir für Sie ausprobiert haben, sodass Sie auch hierbei fantasievoll auftischen können und nicht auf das übliche Weißbrot, den Nudelsalat oder Zaziki angewiesen sind.

SCHWEINEBAUCH MIT SAUER-
KIRSCHGLASUR

SCHWEINEBAUCH MIT ORANGEN-
GLASUR

SCHWEINEBAUCH MIT JOHANNIS-
BEERGLASUR

LAMMKOTELETTS MIT NEKTARINENGLASUR

SCHWEINESTEAKS MIT PREISELBEERGLASUR

SCHWEINENACKENSTEAKS MIT APFELGLASUR

Gegrillter Schweinebauch mit Preiselbeerglasur

Für 4 Portionen
12 dünne Scheiben Schweinebauch*
Salz, Pfeffer
3 El Olivenöl
200 g Preiselbeergelee*
4 El geriebener Meerrettich*
4 El Tomatenketchup*
4 cl Cognac*
1 Prise Chilipulver*
Tabasco*

Zubereitungszeit: ca. 15 Minuten (plus Grillzeit)
Pro Portion ca. 840 kcal/3528 kJ
45 g E · 57 g F · 35 g KH

Gegrillter Schweinebauch mit Preiselbeerglasur
Die Schweinebauchscheiben waschen und trocken tupfen. Mit Salz und Pfeffer würzen und mit dem Olivenöl bestreichen. Auf dem heißen Grill von beiden Seiten knusprig grillen.

Das Preiselbeergelee mit dem Meerrettich, Ketchup und Cognac verrühren. Mit Salz, Pfeffer, Chilipulver und Tabasco pikant abschmecken.

Kurz bevor die Bauchscheiben vom Grill genommen werden, mit der Beerenmischung bestreichen und glacieren. Nach dem Grillen mit der restlichen Beerenglasur bestreichen und servieren. Dazu passt ein Kartoffelsalat.

* Die mit einem Sternchen versehenen Zutaten können ausgetauscht werden. Gewürze und Kräuter je nach Belieben.

Gegrillte Frühlingszwiebeln

1 Bund Frühlingszwiebeln putzen, waschen und trocken reiben. Mit etwas Öl einstreichen und auf dem Grill einige Minuten grillen.

Gegrillte Zucchini

1 Zucchini putzen und in Scheiben schneiden. Mit Salz, Pfeffer bestreuen und mit 3 Olivenöl beträufeln. Goldbraun grillen.

Gegrillte Paprikaschoten

Paprikschoten putzen, entkernen und waschen. In Streifen schneiden und mit reichlich Öl bestreichen. Auf dem heißen Öl weich grillen.

Glacierte Spareribs Las Vegas

Glacierte Spareribs Las Vegas

Die Spareribs waschen, trocken tupfen und mit Salz und Pfeffer würzen. Den Ingwer schälen und den Saft mit der Knoblauchpresse ausdrücken. Den Ingwersaft mit dem Limettensaft, der Sojasauce, dem Sherry, Honig, Kecap manis und Sambal Oelek verrühren und in einem Topf unter Rühren aufkochen.

Die Spareribs mit der Sauce überziehen und etwa 1 Stunde durchziehen lassen. Mehrmals wenden. Die Spareribs in eine Grillschale legen, mit der Marinade bestreichen und auf dem heißen Grill knusprig grillen. Während des Grillens öfter mit Marinade bestreichen.

Für 4 Portionen
2 kg Spareribs, in Stücke geteilt
Salz, Pfeffer
5 cm frische Ingwerwurzel
Saft von 1 Limette
150 ml Sojasauce
75 ml trockener Sherry
3 El Honig
3 El Kecap manis
1 Tl Sambal Oelek

Zubereitungszeit: ca. 70 Minuten (plus Grillzeit)
Pro Portion ca. 498 kcal/2089 kJ
59 g E · 23 g F · 8 g KH

:ountry Frittes

 Kartoffeln waschen und trocken
:iben. Mit der Schale in Achtel
:hneiden. Auf ein Backblech legen,
alzen und mit Olivenöl beträufeln.
n vorgeheizten Backofen bei 200 °C
Umluft 180 °C) etwa 30 Minuten
acken.

Kartoffelschalen

Die Schalen von 6 gründlich gewaschenen Kartoffeln dünn abschälen und in heißem Frittieröl knusprig frittieren. Auf Küchenpapier abtropfen lassen. Mit Salz würzen.

2005 Cuvée Rouge QbA trocken
Kloster Marienthal, Ahr

Diese ungewöhnliche Cuvée aus Spätburgunder, Domina und Regent ist ein Allrounder zu Grillgerichten.

Er ist kräftig rot und zeigt Aromen von schwarzen und roten Früchten wie Heidelbeere und Sauerkirsche. Ein Hauch Wacholder und Pfeffer ist auch zu finden.

Schweinekotelett

Für 4 Portionen
- 4 frische Pfirsiche
- 6 El Olivenöl
- 2 El Balsamessig
- 2 Tl frisch gehackter Thymian
- 4 Schweinekoteletts ohne Knochen
- Salz, Pfeffer

Portweinsauce:
- 100 ml Olivenöl
- ½ rote Zwiebel
- 300 ml Portwein
- 100 ml Rotwein
- 2 El Honig
- 3 El Balsamessig
- 2 Tl frisch gehackter Thymian
- Salz, Pfeffer
- 1 El Walnussöl

Zubereitungszeit: ca. 40 Minuten (plus Grill- und Ruhezeit)
Pro Portion ca. 700 kcal/2940 kJ
34 g E · 42 g F · 25 g KH

nit eingelegten Pfirsichen und Portweinsauce

Schweinekoteletts mit eingelegten Pfirsichen und Portweinsauce

Die Pfirsiche mit 2 El Olivenöl bestreichen, auf dem heißen Grill von beiden Seiten etwa 3 Minuten goldbraun grillen. Vom Grill nehmen, halbieren, häuten und den Kern entfernen. Pfirsiche in Spalten schneiden. Den Balsamessig mit 2 El Öl und dem Thymian verrühren und 30 Minuten durchziehen lassen.

Für die Portweinsauce 2 El Öl erhitzen. Die Zwiebel fein hacken und darin glasig schmoren. Port- und Rotwein hinzufügen und um die Hälfte einkochen. Die Sauce im Mixer mit den restlichen Zutaten cremig rühren.

Die Koteletts waschen, trocken tupfen, mit dem restlichen Olivenöl bestreichen und würzen. Auf dem heißen Grill von jeder Seite etwa 4 Minuten grillen. Bei geschlossenem Deckel noch etwa 5 Minuten weitergrillen.

Die gegrillten Koteletts mit etwas Portweinsauce bestreichen, in Folie wickeln und 5 Minuten ruhen lassen. Mit der restlichen Sauce servieren.

Rindersteaks mit Feigen-Rotwein-Glasur

Für 4 Portionen
3 Schalotten
5 El Olivenöl
300 ml Rotweinessig
150 ml Rotwein
6 getrocknete Feigen
1 El frisch gehackter Thymian
2 El Honig
Salz, Pfeffer
4 Rinderfiletsteaks (à 250 g)
8 frische Feigen

Zubereitungszeit: ca. 30 Minuten (plus Grill- und Ruhezeit)
Pro Portion ca. 605 kcal/2541 kJ
78 g E · 18 g F · 30 g KH

Rindersteaks mit Feigen-Rotwein-Glasur

Die Schalotten schälen und fein hacken. 1 El Öl erhitzen und die Schalotten darin glasig schmoren. Den Rotweinessig und den Rotwein zugeben. Die Feigen hacken und zugeben, den Thymian unterrühren. Die Mischung unter Rühren kochen, bis die Feigen weich sind. Anschließend im Mixer pürieren, zurück in die Pfanne geben und sämig einkochen. Den Honig einrühren und mit 1/2 Tl Salz und grob gemahlenem Pfeffer würzen. Abkühlen lassen.

Die Steaks waschen, trocken tupfen und von jeder Seite mit 2 El Öl bestreichen sowie mit Salz und Pfeffer würzen. Auf dem heißen Grill von beiden Seiten etwa 3 Minuten medium grillen.

Die Steaks vom Grill nehmen, mit etwas Rotweinglasur bestreichen, in Folie wickeln und 5 Minuten ruhen lassen.

Die frischen Feigen mit dem restlichen Öl bestreichen und auf dem Grill von allen Seiten goldbraun grillen. Die Steaks aus der Folie wickeln, mit den in Scheiben geschnittenen Feigen belegt servieren. Dazu passen Thymiankartoffeln.

Gegrillte marinierte Zucchini

Zucchini grillen wie auf Seite 81 beschrieben. Danach in einer Marinade aus 50 ml weißem Balsamessig, 1 Tl Honig, je 1 Tl Chiliflocken und grob zerkleinertem Pfeffer , 1 gehackten Knoblauchzehe und Zwiebel, Salz und 50 ml Olivenöl erkalten lassen.

Gegrillte Tomaten

8 Tomaten vierteln und auf dem Grill in 3 bis 5 Minuten garen. 2 El Zitronensaft mit 3 El Olivenöl, Salz und Pfeffer verrühren und die Tomaten damit beträufeln.

Gegrillter Mais mit Honig-Vinaigrette

Maiskolben mit Kräuterbutter bestreichen und weich grillen. Mit einer Vinaigrette aus 50 ml Weißweinessig, 1 Tl Dijonsenf, 2 fein gehackten Knoblauchzehen, 1 Tl Honig, Salz, Pfeffer und 100 ml Olivenöl beträufeln.

Gefü

Gefüllte Lammkeule griechischer Art
Die Lammkeule waschen, trocken tupfen und sichtbares Fett entfernen. An der dicksten Seite einschneiden und aufklappen.

Die Kalbsleber waschen, trocken tupfen und fein würfeln. Die Frühlingszwiebeln putzen, waschen und in feine Ringe schneiden. 2 El Öl erhitzen und die Kalbsleber darin etwa 1 Minute braten. Die Frühlingszwiebeln zugeben und 3 Minuten mitschmoren. Paprikapulver einrühren und kurz mitbraten. Leber und Zwiebeln mit dem Reis mischen.

Den Spinat verlesen, putzen, waschen und gut abtropfen lassen. Das restliche Öl erhitzen, den Spinat darin unter Rühren etwa 2 Minuten dünsten, bis er zusammenfällt. Aus der Pfanne nehmen, ausdrücken und hacken. Mit der Minze unter die Reismasse heben und mit Salz und Pfeffer würzen. Die Füllung in die Tasche im Fleisch geben und zuklappen. Die Lammkeule zusammenrollen und mit Küchengarn festbinden.

Die Keule mit Öl bestreichen, würzen und etwa 2 Stunden auf dem heißen Grill garen. Mehrmals wenden. Nach dem Grillen in Scheiben schneiden und mit Zitronenscheiben servieren.

Lammkeule griechischer Art

Für 4–6 Portionen
1,5 kg Lammkeule ohne Knochen
50 g Kalbsleber
1 Bund Frühlingszwiebeln
3 El Olivenöl
½ Tl Paprikapulver
100 g gekochter Langkornreis
200 g Blattspinat
3 El frisch gehackte Minze
Salz
Pfeffer
Öl zum Bestreichen
3 Zitronen

Zubereitungszeit: ca. 30 Minuten
(plus Schmor- und Grillzeit)
Pro Portion ca. 460 kcal/1932 kJ
62 g E · 13 g F · 20 g KH

Lammchops mit Honigglasur

Lammchops mit Honigglasur

Den Essig mit dem Honig gut verrühren und mit Salz und Pfeffer würzen. Die Hälfte der Mischung beiseite stellen.

Die Lammchops waschen, trocken tupfen, mit dem Olivenöl bestreichen und würzen. Auf dem heißen Grill von jeder Seite etwa 2 Minuten grillen. Mit Honigglasur bestreichen und weitere 2 Minuten grillen.

Die Chops vom Grill nehmen und mit der beiseite gestellten Honigmischung bestreichen. In Folie wickeln und 5 Minuten ruhen lassen.

Die Chops servieren. Dazu schmecken ein Minzpesto und frisches Brot.

Für 4 Portionen
75 ml alter Aceto Balsamico
3 El Honig
Salz, Pfeffer
12 Lammchops
2 El Olivenöl

Zubereitungszeit: ca. 15 Minuten (plus Grill- und Ruhezeit)
Pro Portion ca. 338 kcal/1417 kJ
58 g E · 10 g F · 3 g KH

Tipp

Probieren Sie Salbeihonig für die Glasur.

Statt Lammchops können Sie auch Spareribs oder kleine Schweinekoteletts mit der Honigglasur knusprig grillen.

KALBFLEISCHRÖLLCHEN MIT GEMÜSEFÜLLUNG

RINDFLEISCHRÖLLCHEN MIT SPECK-ZWIEBELFÜLLUNG

PUTENRÖLLCHEN MIT OLIVEN-SCHAFSKÄSE-FÜLLUNG

KALBFLEISCHRÖLLCHEN MIT SPINAT-RICOTTA-FÜLLUNG

HÄHNCHENRÖLLCHEN MIT SARDELLEN-HACK

KALBFLEISCHRÖLLCHEN MIT HACKFLEISCH-KÄSEFÜLLUNG

Gefüllte Kalbfleischröllchen mit Sardellen-Hack

Für 4 Portionen
4 dünne Kalbsschnitzel
4 Schalotten
3 Sardellenfilets aus dem Glas
100 ml Milch
150 g Weißbrot
1/2 Bund glatte Petersilie
50 g Rinderhackfleisch
1/2 Tl abgeriebene Schale von
1 unbehandelten Zitrone
1 El Zitronensaft
Salz, Pfeffer
3 El Olivenöl

Zubereitungszeit: ca. 20 Minuten (plus Grillzeit)
Pro Portion ca. 328 kcal/1375 kJ
35 g E · 11 g F · 21 g KH

Gefüllte Kalbfleischröllchen mit Sardellen-Hack

Die Kalbsschnitzel waschen, trocken tupfen und flach klopfen. Jedes Schnitzel in vier Teile schneiden. Die Schalotten schälen und vierteln. Die Sardellenfilets waschen, trocken tupfen und fein hacken. Die Milch erhitzen und über das Weißbrot gießen.

Die Petersilie waschen, trocken schütteln und hacken. Die Sardellenfilets mit dem Rinderhack, der Petersilie, Zitronenschale und -saft mit 1 El Öl im Mixer pürieren. Das ausgedrückte Weißbrot zugeben.

Die Kalbfleischstücke salzen, pfeffern und mit etwas Füllung bestreichen. Zusammenrollen und abwechselnd mit den Zwiebelvierteln auf Spieße stecken. Mit Öl bepinseln und auf dem heißen Grill von jeder Seite etwa 3 Minuten grillen, dabei mehrmals mit Öl bestreichen.

* Die mit einem Sternchen versehenen Zutaten können ausgetauscht werden. Gewürze und Kräuter je nach Belieben.

Gegrillter Knoblauch

4 Knoblauchknollen halbieren, mit etwas Olivenöl bestreichen und auf dem Grill goldbraun rösten.

2006 Pinot Noir
Culley Wines, Marlborough

Dieser Pinot Noir präsentiert sich in hellem Kirschrot mit Aromen von Waldbeeren mit zarter Würze. Seine lebendige, fruchtige Art wirkt erfrischend und seine seidige Struktur ist sehr angenehm.

Grillsteaks mit Balsamico-Rosmarin-Butter

Grillsteaks mit Balsamico-Rosmarin-Butter
Den Essig und die Pfefferkörner in einen Topf geben. Bei hoher Temperatur aufkochen und auf etwa 50 ml einkochen. Die Mischung durchsieben, den Honig und die Rosmarinnadeln einrühren und abkühlen lassen.

Für 4 Portionen
300 ml Balsamessig
2 Tl schwarze Pfefferkörner
2 Tl Honig
2 El frisch gehackte Rosmarinnadeln
150 g ungesalzene Butter
4 Rindersteaks
2 El Olivenöl
Salz, Pfeffer

Zubereitungszeit: ca. 40 Minuten (plus Koch-, Grill- und Ruhezeit)
Pro Portion ca. 25 kcal/2205 kJ
35 g E · 41 g F · 4 g KH

Die Balsammischung mit der weichen Butter und 1 Tl Salz im Mixer cremig rühren. 30 Minuten kalt stellen.

Inzwischen die Steaks waschen, trocken tupfen und mit Olivenöl bestreichen. Auf dem heißen Grill 5 Minuten grillen, dann wenden und weitere 10 Minuten (medium) grillen. Die Steaks vom Grill nehmen, in Folie wickeln und 5 Minuten ruhen lassen. Mit Salz und Pfeffer würzen.

Auf jedes Steak etwas Butter geben und servieren.

ꞏesambutter

ꞏ00 g Butter weich rühren. Mit Salz ꞏvürzen. 50 g Sesamkörner in einer ꞏfanne ohne Fett rösten, mahlen ꞏnd mit der Butter mischen. In ei- ꞏen Spritzbeutel geben und dekora- ꞏive Rosetten spritzen.

Rote-Peffer-Butter

200 g Butter weich rühren. Mit Salz würzen. Mit 1 El grob zerstoßenem roten Pfeffer verrühren. In einen Spritzbeutel geben und dekorative Rosetten spritzen.

Für 4 Portionen
1,5 kg Rinderhack
Salz, Pfeffer
2 El Rapsöl
8 Sesamburgerbrötchen
8 Scheiben Serranoschinken
8 Scheiben Manchego

Paprikaaioli
2 Knoblauchzehen
2 rote Pfefferschoten
75 g Mayonnaise
2 Tl Paprikapulver
Salz

Zubereitungszeit: ca. 15 Minuten
(plus Grillzeit)
Pro Portion ca. 1220 kcal/5124 kJ
90 g E · 74 g F · 49 g KH

Andalusische Burger mit Paprikaaioli

Andalusische Burger mit Paprikaaioli

Das Fleisch mit Salz und Pfeffer würzen, zu 8 dünnen Fladen formen, fest zusammendrücken und mit dem Öl einstreichen. Auf dem heißen Grill 5 Minuten grillen. Die Burger wenden und von der anderen Seite 5 Minuten grillen.

Für das Aioli die Knoblauchzehen schälen und hacken. Die Pfefferschoten putzen, entkernen und hacken. Mit der Mayonnaise in einen Mixer geben und cremig rühren. Mit Paprikapulver und Salz würzen.

Die Brötchen aufschneiden, beide Seiten mit Aioli bestreichen. 1 Scheibe Schinken und Käse, einen Burger und wieder eine Scheibe Käse und Schinken darauflegen. Die zweite Hälfte darauf setzen.

Tipp

Wenn Sie keinen Manchego mögen können Sie stattdessen auch auch jungen Gouda oder Chedarkäse verwenden.

Bratwurstspieße mit Schinken und Käse

Für 4 Portionen
je 2 rote und grüne Paprikaschoten
4 Zwiebeln
6 Scheiben Frühstücksspeck
6 Scheiben Emmentaler Käse
12 kleine Rostbratwürste

Zubereitungszeit: ca. 15 Minuten (plus Grillzeit)
Pro Portion ca. 403 kcal/1690 kJ
28 g E · 29 g F · 8 g KH

Bratwurstspieße mit Schinken und Käse

Die Paprikaschoten putzen, waschen, die Kerne und weißen Innenhäute entfernen und die Schoten in mundgerechte Stücke schneiden. Die Zwiebeln schälen und vierteln.

Die Frühstücksspeck- und Emmentalerscheiben halbieren.

Die Würste mit je 1 Scheibe Käse und Schinken umwickeln und abwechselnd mit Paprikastücken und Zwiebelvierteln auf Spieße stecken.

Auf dem heißen Grill goldbraun grillen und mit gemischtem Salat und frischem Fladenbrot servieren.

Kräuterbrot

1 Baguette in Scheiben schneiden und auf dem Grill von jeder Seite etwa 2 Minuten rösten. 1 Tl frisch gehackte Rosmarinnadeln mit 3 El Butter mischen und die Brote damit einstreichen.

Körnerbrot

Aus 1 Päckchen Trockenhefe, 1/2 Tl Zucker, 450 g Roggenmehl sowie 400 ml warmem Wasser und 2 El gemischten Körnern einen Hefeteig bereiten. Daraus 1 Brot formen und auf ein gefettetes Backblech setzen. Im Backofen bei 200 °C (Umluft 180 °C) etwa 1 Stunde 15 Minuten backen. Warm mit Sonnenblumenkernen bestreuen.

Käsebrot

1 Baguette in Scheiben schneiden und auf dem Grill von jeder Seite etwa 2 Minuten rösten. 50 g Gorgonzola zerkrümeln und auf die Brotscheiben streichen. Kurz auf den Grill legen, bis der Käse weich wird.

Fleischspieße mit indonesischer Sauce
Die Schweinelende waschen, trocken tupfen und in dünne Scheiben schneiden. Die Fleischscheiben auf kleine Spieße stecken. 1 Zwiebel und 2 Knoblauchzehen schälen. Die Zwiebel fein hacken, die Knoblauchzehen mit 1 Tl Salz zerdrücken. Zwiebel, Knoblauch und Olivenöl mit den Gewürzen mischen, mit Salz und Pfeffer abschmecken. Die Spieße in einer Schale mit der Marinade überziehen. 3 Stunden ziehen lassen.

Das Erdnussöl mit Erdnussbutter und Garnelenpaste, Sambal Oelek, Sojasauce und Zitrussäften erhitzen. Die Sesamkörner zugeben. Die andere Zwiebel und Knoblauchzehen schälen und fein hacken. In die Mischung rühren und aufkochen. Die Sauce vom Herd nehmen, pürieren und erneut erhitzen. Die Spieße auf dem heißen Grill knusprig grillen, auf Tellern anrichten und mit der Sauce servieren. Dazu passt Basmatireis.

Fleischspieße mit indonesischer Sauce

Für 4 Portionen
600 g Schweinelende
2 Zwiebeln
4 Knoblauchzehen
Salz
3 El Olivenöl
je 1 El Zitronenpfeffer, Fünf-Gewürz-Pulver, Zucker
Pfeffer
6 El Erdnussöl
3 El Erdnussbutter
2 El Garnelenpaste
1 El Sambal Oelek
2 El Sojasauce
Saft von 1 Limette und Orange
50 g gemahlene Sesamkörner

Zubereitungszeit: ca. 25 Minuten (plus Marinier- und Grillzeit)
Pro Portion ca. 462 kcal/1940 kJ
35 g E · 34 g F · 5 g KH

Erdnüsse zählen nicht zu den Nüssen, sie sind Hülsenfrüchte wie Erbsen und Bohnen. Sie können also gegart werden, schmecken aber auch roh sehr gut. Erdnüsse sind sehr eiweiß-, fett- und kalorienreich. Roh enthalten sie sehr viel Vitamin B, Magnesium und Kalium.

Lammfilet mit Granatapfel-Relish

Lammfilet mit Granatapfel-Relish

Für die Granatapfelglasur die Melasse mit dem Granatapfelsirup, dem Meerrettich und dem Senf verrühren und mit Salz und Pfeffer würzen. 30 Minuten durchziehen lassen.

Für das Relish den Granatapfel aufschneiden und die Kerne herauslösen. Die Zwiebel schälen und fein hacken. Die Chilischote putzen, entkernen und fein hacken. Die Petersilie waschen, trocken schütteln und hacken. Die Zutaten miteinander mischen und salzen. 30 Minuten durchziehen lassen.

Das Fleisch waschen, trocken tupfen und mit Salz und Pfeffer würzen. Auf dem heißen Grill 3 Minuten grillen, wenden und mit etwas von der Granatapfelglasur bestreichen. Weitere 4 Minuten grillen, sodass es innen rosa ist. Die restliche Glasur darüberstreichen. Das Fleisch vom Grill nehmen, in Folie wickeln und 5 Minuten ruhen lassen. Anschließend das Fleisch in dünne Scheiben schneiden und jede Scheibe mit etwas Relish garniert servieren.

Für 4 Portionen
75 ml Melasse
2 El Granatapfelsirup
2 El frisch geriebener Meerrettich
2 El Dijonsenf
Salz, Pfeffer
800 g Lammfilet

Granatapfel-Relish
1 Granatapfel
1 rote Zwiebel
1 Jalapeno-Chilischote
½ Bund glatte Petersilie
Salz

Zubereitungszeit: ca. 25 Minuten (plus Marinier- und Grillzeit)
Pro Portion ca. 296 kcal/1575 kJ
58 g E · 4 g F · 9 g KH

KALBSFILET MIT ZUCCHINI UND SPECK

KALBSFILET MIT ZUCCHINI UND PARMASCHINKEN

RINDERFILET MIT KÜRBIS UND SCHINKENSPECK

SCHWEINEFILET MIT AUBERGINE UND SCHINKEN

SCHWEINEFILET MIT SPINAT UND RINDERSCHINKEN

RINDEREFILET MIT FRÜHLINGS-ZWIEBEL UND PARMASCHINKEN

Kalbsfilet fiorentina mit Aubergine

Für 4 Portionen
600 g Kalbsfilet*
1 Aubergine*
2 Knoblauchzehen*
12 Basilikumblätter*
Salz, Pfeffer
12 Scheiben Frühstücksspeck*
4 El Olivenöl

Zubereitungszeit: ca. 20 Minuten (plus Grillzeit)
Pro Portion ca. 298 kcal/1249 kJ
36 g E · 16 g F · 4 g KH

Kalbsfilet fiorentina mit Aubergine
Das Filet waschen, trocken tupfen und in etwa Scheiben schneiden. Die Aubergine waschen, putzen und ebenfalls in 12 Scheiben schneiden. Den Knoblauch schälen und in Scheiben schneiden. Die Basilikumblätter waschen und trocken tupfen.

Die Fleischscheiben mit Salz und Pfeffer würzen, mit Knoblauch und Basilikum belegen. Die Auberginenscheiben und den Frühstücksspeck mit Holzspießen feststecken und mit Öl bestreichen.

Die Filets auf dem heißen Grill etwa 6 Minuten grillen, mehrmals wenden. Mit Ratatouille servieren.

* Die mit einem Sternchen versehenen Zutaten können ausgetauscht werden. Gewürze und Kräuter je nach Belieben.

Tomaten-Quark-Dip
500 g Quark mit 4 abgetropften und fein gehackten getrockneten Tomaten, Salz und Pfeffer mischen.

Eier-Quark-Dip
500 g Quark mit 3 fein gehackte gekochten Eiern, Salz und Pfeffer mischen. 1 gewürfelte, geschälte Tomate unterheben.

Pfeffer-Quark-Dip
500 g Quark mit 2 fein gehackten Gewürzgurken und 1 El grob zerstoßenen roten Pfefferkörnern sowie Salz nach Geschmack mischen.

2006 Kanu Red Rockwood
Kanu, Paarl

Dieser tiefdunkle Wein aus den Rebsorten Ruby Cabernet, Merlot und Cabernet Sauvignon gekeltert, macht Lust auf mehr. Rauchige Aromen sind zu finden, aber auch Süßkirschen und Brombeeren. Die jungen, aber weichen Tannine sind angenehm am Gaumen.

Gefüllte Steaks mit Schinken und Käse

Gefüllte Steaks mit Schinken und Käse
Die Schalotten schälen und fein hacken. Mit dem Rotwein und 50 ml Olivenöl verrühren und die Steaks oder Rouladen darin einlegen. Mindestens 4 Stunden marinieren.

Das Fleisch aus der Marinade nehmen und mit Küchenpapier trocken tupfen. Auf einer Arbeitsplatte auslegen. Mit Salz und Pfeffer würzen und mit je 1 Scheibe Schinken und Käse belegen. Die gewaschenen und getrockneten Basilikumblätter darauf legen. Die Steaks zusammenrollen und mit Küchengarn festbinden.

Die Rollen mit dem restlichen Öl bestreichen und auf dem heißen Grill von allen Seiten gut braun grillen, etwa 10 Minuten. Auf einer weniger heißen Stelle des Grills weitere 20 Minuten grillen. Die Röllchen vom Grill nehmen, in Folie wickeln und 5 Minuten ruhen lassen. Anschließend in Scheiben schneiden und mit der Marinade beträufeln. Mit frischem Baguette und einem Salat servieren.

Für 4 Portionen
4 Schalotten
200 ml Rotwein
70 ml Olivenöl
4 dünne Rumpsteaks
Salz, Pfeffer
4 dünne Scheiben luftgetrockneter Schinken
4 Scheiben Fontina
12 frische Basilikumblätter

Zubereitungszeit: ca. 20 Minuten (plus Marinier-, Grill und Ruhezeit)
Pro Portion ca. 410 kcal/1722 kJ
35 g E · 26 g F · 3 g KH

Käsespätzle

00 g Spätzle bissfest garen. Abgieen, abkühlen lassen. In 3 El heißer utter schwenken und mit 100 g isch geriebenem Emmentaler nischen. Rühren, bis der Käse eschmolzen ist. Mit Salz und feffer würzen. Mit Röstzwiebeln [illegible]

Bratkartoffeln

750 g Pellkartoffeln schälen, in Scheiben schneiden und in 3 El heißem Öl knusprig braten. Mit Salz und Pfeffer würzen. In einer zweiten Pfanne 100 g Bauchspeck mit 1 gehackten Zwiebel knusprig braten. Über die Bratkartoffeln geben.

Gefüllter Spießbraten

Für 6–8 Portionen
3 Zwiebeln
1 Bund Petersilie
5 El Olivenöl
1 Tl getrockneter Majoran
250 g Schweinemett
Salz, Pfeffer
1 Tl abgeriebene Schale von 1 unbehandelten Zitrone
1 El Kapern aus dem Glas
2,5 kg Schweinerollbraten ohne Knochen
3 El Olivenpaste

Zubereitungszeit: ca. 30 Minuten (plus Schmor- und Grillzeit)
Pro Portion ca. 688 kcal/2888 kJ
70 g E · 44 g F · 3 g KH

Gefüllter Spießbraten

Die Zwiebeln schälen und fein würfeln. Die Petersilie waschen, trocken schütteln und hacken. Das Öl erhitzen und die Zwiebeln darin glasig schmoren. Petersilie und Majoran zugeben und 2 Minuten mitschmoren. Die Mischung abkühlen lassen.

Das Mett mit der Zwiebelmischung, den Gewürzen und der Zitronenschale mischen. Die abgetropften Kapern hacken und unterheben.

Den Rollbraten auslegen, mit Salz und Pfeffer würzen und mit Olivenpaste bestreichen. Die Füllung daraufgeben und den Braten zusammenrollen. Mit Küchengarn festbinden. Auf einen Grillspieß (am besten ein Drehspieß) stecken und auf dem heißen Grill etwa 2 Stunden 30 Minuten unter mehrmaligem Wenden grillen. Während des Grillens mit dem restlichen Öl bestreichen. Nach dem Grillen den Braten 10 Minuten ruhen lassen und in Scheiben schneiden. Mit einem Dip nach Wahl servieren.

Lammspieße mit Gemüse

Für 4 Portionen
1 Zwiebel
700 g Lammfleisch aus der Keule
Salz, Pfeffer
3 Lorbeerblätter
1 El frisch gehackter Salbei
60 ml Olivenöl
Saft von 1 Limette
8 Schalotten
1 Zucchini
1 rote Paprikaschote

Zubereitungszeit: ca. 20 Minuten (plus Mariner- und Grillzeit)
Pro Portion ca. 438 kcal/1838 kJ
53 g E · 22 g F · 6 g KH

Lammspieße mit Gemüse

Die Zwiebel schälen und in dünne Ringe schneiden. Das Fleisch waschen, trocken tupfen und in mundgerechte Würfel schneiden. Mit Salz und Pfeffer würzen. Die Fleischwürfel in eine Schale legen. Mit den Zwiebelringen belegen. Darauf die Lorbeerblätter und den Salbei geben. Das Öl mit dem Limettensaft verrühren und darübergießen. Das Fleisch mindestens 4 Stunden im Kühlschrank durchziehen lassen.

Die Schalotten schälen und 2 Minuten in kochendem Wasser blanchieren. Herausnehmen, abgießen und halbieren. Die Zucchini putzen, waschen und in 2,5 cm dicke Scheiben schneiden. Die Paprikaschote putzen, waschen und würfeln.

Die Fleischstücke aus der Marinade nehmen, abwechselnd mit Schalottenhälften, Zucchinischeiben und Paprikawürfeln auf Spieße stecken und würzen.

Die Spieße auf dem heißen Grill etwa 10 bis 12 Minuten grillen. Mehrmals wenden und mit der restlichen Marinade bestreichen. Mit Zaziki servieren.

Basilikumpesto

1 Bund Basilikum mit 2 geschälten Knoblauchzehen und 50 g gehackten Pinienkernen im Mixer pürieren. 100 ml Olivenöl langsam zugießen und cremig rühren. Mit Salz und Pfeffer abschmecken.

Olivenpesto

200 g schwarze, entsteinte Oliven, 4 geschälte Knoblauchzehen mit 3 El Olivenöl im Mixer fein pürieren. Mit Salz und Pfeffer würzen.

Tomatenpesto

100 g geschälte, entkernte und fein gehackte Tomaten mit 2 geschälten Knoblauchzehen und 50 g gehackten Pinienkernen fein pürieren. Mit Salz und Pfeffer würzen. 100 g gewürfelte, geschälte Tomaten unterheben.

Schweinekotelett in der Folie französischer Art
Die Koteletts waschen, trocken tupfen und den Fettrand mehrmals einschneiden. Die Kräuter waschen, trocken schütteln. Die Knoblauchzehen schälen und in Stifte schneiden. Den Schinken würfeln, die Pilze putzen, feucht abreiben und klein schneiden. Mit dem Zitronensaft beträufeln. Die Tomate in kochendem Wasser kurz blanchieren, herausnehmen, Haut, Stielansatz und Kerne entfernen und das Fruchtfleisch würfeln. Die Oliven entsteinen und in Scheiben schneiden.

Die Koteletts auf eine sehr heiße Stelle des Grills legen und von beiden Seiten etwa 2 Minuten anbraten. Dann auf 4 vorbereitete Stücke Alufolie legen. Die Koteletts salzen und pfeffern. Die übrigen Zutaten auf den Koteletts verteilen. Die Folien verschließen und die Päckchen auf dem heißen Grill etwa 25 Minuten grillen. In der Folie servieren. Dazu passen Rosmarin-Grillkartoffeln.

Schweinekotelett in der Folie französischer Art

Für 4 Portionen
4 Schweinekoteletts aus dem Nacken
1 Bund Kräuter der Provence
2 Knoblauchzehen
100 g gekochter Schinken
200 g Steinpilze
1 El Zitronensaft
1 Fleischtomate
50 g schwarze Oliven
Salz, Pfeffer

Zubereitungszeit: ca. 20 Minuten (plus Schmor- und Grillzeit)
Pro Portion ca. 330 kcal/1386 kJ
40 g E · 18 g F · 2 g KH

Steinpilze sind besonders aromatische Speisepilze, die vor allem in Europas gemäßigten Zonen, Nordamerika und Australien vorkommen. Sie wachsen bevorzugt in Nadel- und Laubwäldern und erreichen einen Umfang von bis zu 20 Zentimetern. Typisch sind die dickfleischigen Stiele und Hüte, die samtig bis glatt sind. Steinpilze schmecken geschmort oder im Backofen gegart. Sie werden auch getrocknet angeboten. Die Pilze enthalten viel Kalium und Vitamin B_2.

Lammwürstchen mit Roter-Pfeffer-Sauce und Pita

Lammwürstchen mit Roter-Pfeffer-Sauce und Pita

Die Knoblauchzehen und die Zwiebel schälen und fein hacken. Mit dem Oregano und 100 ml Olivenöl mischen. Das Fleisch waschen, trocken tupfen und in etwa 2 cm große Stücke schneiden. Die Stücke in die Marinade legen und etwa 1 Stunde abgedeckt im Kühlschrank durchziehen lassen.

Die Würstchen inzwischen auf dem heißen Grill etwa 10 bis 12 Minuten grillen.

Die Zwiebel schälen und vierteln. Die Paprikaschoten und Zwiebelviertel mit dem restlichen Öl bestreichen und auf dem Grill etwa 4 Minuten (Zwiebel) bzw. 8 bis 10 Minuten (Paprika) von beiden Seiten grillen. Vom Grill nehmen, die Paprikaschoten 10 Minuten ruhen lassen, dann schälen, entkernen und in Stücke schneiden.

Die Würstchen vom Grill nehmen, 5 Minuten ruhen lassen und in 2 cm große Stücke schneiden. Die Fleischstücke aus der Marinade nehmen und mit den Würstchen auf Spieße stecken. Würzen. Die Spieße von jeder Seite 2 Minuten grillen.

Für die Sauce die Paprikaschote entkernen und klein schneiden, die Knoblauchzehen schälen. Alle Zutaten im Mixer pürieren und mit Salz und Pfeffer würzen. Die Sauce zu den Spießen in den Broten reichen.

Die Pitabrote kurz rösten, dann aufschneiden und die Spieße hineinlegen. Mit Zwiebel und Paprika garnieren.

Für 4 Portionen
6 Knoblauchzehen
1 Zwiebel
2 El frisch gehackter Oregano
120 ml Olivenöl
800 g Lammfilet
500 g Merguez (Würstchen)
1 rote Zwiebel
2 rote Paprikaschoten
Salz, Pfeffer
8 Pitabrote

Rote-Pfeffer-Sauce
1 geschälte rote Paprikaschote
4 Knoblauchzehen
175 g Joghurt
2 Tl abgeriebene Schale von
1 unbehandelten Zitrone
2 Tl frisch gehackter Oregano
Salz, Pfeffer

Zubereitungszeit: ca. 20 Minuten
(plus Marinier-, Grill- und Ruhezeit)
Pro Portion ca. 1120 kcal/4704 kJ
86 g E · 67 g F · 44 g KH

LAMMKOTELETTS MIT ITALIENISCHEN KRÄUTERN UND TOMATENSAUCE

SCHWEINEKOTELETT MIT KRÄUTERN DER PROVENCE UND HONIG-SENFSAUCE

LAMMKOTELETT MIT MINZSAUCE

Lammkotelet

KALBSKOTELETT MIT PETERSILIEN-ZWIEBELSAUCE

LAMMKOTELETT MIT SALBEI UND KNOBLAUCHSAUCE

KALBSKOTELETT MIT GEMISCHTEN KRÄUTERN UND BALSAMICOJUS

...mit Kräutern der Provence und Honig-Senfsauce

Für 4 Portionen
je 2 El frisch gehackter Thymian, Rosmarin und Oregano*
1 El frisch gehackter Salbei*
1 Lorbeerblatt*
175 ml Olivenöl
8 Lammkoteletts*
Salz, Pfeffer
150 g Rucola*

Honig-Senfsauce*
2 Knoblauchzehen
50 ml Apfelessig
1 El Senf
1 Tl Honig
Salz, Pfeffer
100 ml Olivenöl

Zubereitungszeit: ca. 20 Minuten (plus Marinier- und Grillzeit)
Pro Portion ca. 788 kcal/3308 kJ
40 g E · 69 g F · 4 g KH

Lammkotelett mit Kräutern der Provence und Honig-Senfsauce
Die Kräuter mit dem Olivenöl in einer Schüssel mischen. Die Koteletts waschen, trocken tupfen und sichtbares Fett entfernen. In die Marinade legen und etwa 1 Stunde abgedeckt im Kühlschrank durchziehen lassen.

Die Koteletts aus der Marinade nehmen, abtupfen und auf beiden Seiten mit Salz und Pfeffer würzen. Auf dem heißen Grill von jeder Seite etwa 3 Minuten goldbraun grillen.

Für die Sauce die Knoblauchzehen schälen und hacken. Mit den restlichen Zutaten in einer Schüssel cremig rühren.

Den Rucola waschen, trocken schütteln und auf Tellern anrichten. Die Lammkoteletts darauflegen. Die Honig-Senf-Sauce darüberträufeln und servieren.

* Die mit einem Sternchen versehenen Zutaten können ausgetauscht werden. Gewürze und Kräuter je nach Belieben.

Kräuter geben jeder Speise eine besondere Würze. Frische Kräuter werden nach dem Kochen zugegeben. Getrocknete Kräuter, die intensiver würzen als frische, können schon beim Kochen eingerührt werden.

2005 Vacqueyras „Les Christins" Perrin & Fils, Rhône

Ein kraftvoller Wein aus den Rebsorten Grenache und Syrah.

Rubinrote Farbe und ein Bukett aus Sauerkirschen, Cassis mit einer feinen Note von Thymian und Rosmarin.

Fleischspieße mit Ingwer-Stachelbeer-Glasur un

Fleischspieße mit Ingwer-Stachelbeer-Glasur und Würzbutter

Die Schalotten schälen und fein hacken. Den Ingwer schälen und halbieren. Die Stachelbeeren putzen, waschen und trocknen. Die Zutaten mit den Pfefferkörnern und dem Öl im Mixer pürieren.

Für 4 Portionen
3 Schalotten
1 cm frische Ingwerwurzel
75 g Stachelbeeren
1 Tl schwarze Pfefferkörner
1 El Sesamöl
1 kg Rinderfilet
2 El gemahlene Pinienkerne
1 Tl gemahlener Zimt
1 Prise Nelkenpulver
1 Prise Kreuzkümmel
Salz
2 El Mehl
125 g Butter

Zubereitungszeit: ca. 20 Minuten (plus Grillzeit)
Pro Portion ca. 595 kcal/2499 kJ
55 g E · 39 g F · 6 g KH

Das Fleisch waschen, trocken tupfen und in Würfel schneiden. Mit der Ingwer-Stachelbeerglasur einstreichen und auf Spieße stecken.

Die Pinienkerne mit Zimt, Nelkenpulver und Kreuzkümmel, Salz und Mehl mischen. Die Butter schmelzen und mit der Mischung verrühren.

Die Fleischspieße auf dem heißen Grill etwa 10 Minuten grillen und währenddessen mehrmals mit der Würzbutter bestreichen.

Vürzbutter

Veißkrautsalat

00 g gehobeltes Weißkraut mit Ieersalz bestreuen, 200 ml erhitzte emüsebrühe darübergeben und as Kraut mit den Händen weich neten. 1 fein gehackte Zwiebel und 00 g gewürfelte, geschälte Äpfel nterheben. Salat mit einem Dres ng aus 5 El Weißweinessig, 5 El onnenblumenöl, 1/2 Tl gemahle- em Kümmel, 1 Prise Cayennepfef r und Zucker verrühren.

Rotkrautsalat

400 g gehobeltes Rotkraut wie den Weißkrautsalat mit Apfelwürfeln zubereiten. Aus 5 El Rotweinessig, 5 El Sonnenblumenöl, Pfeffer, 1 Prise gemahlenen Nelken und Zucker ein Dressing bereiten und mit dem Salat mischen.

Für 4 Portionen
500 ml frischer Orangensaft
100 ml Olivenöl
2 El Balsamessig
1 El frisch gehackte Rosmarinnadeln
800 g Kalbsfilet
1 El Honig
Salz, Pfeffer

Zubereitungszeit: ca. 20 Minuten (plus Marinier-, Grill- und Ruhezeit)
Pro Portion ca. 505 kcal/2121 kJ
42 g E · 32 g F · 12 g KH

Mariniertes Kalbsfilet mit Orangensauce

Mariniertes Kalbsfilet mit Orangensauce

100 ml Orangensaft mit 50 ml Öl, 1 El Essig und dem Rosmarin in einer großen Schale verrühren. Das Fleisch waschen, trocken tupfen und in der Marinade einlegen. Abgedeckt etwa 1 Stunde im Kühlschrank durchziehen lassen.

Den restlichen Orangensaft in einer Pfanne auf 100 ml einkochen und in einem Mixer mit dem restlichen Essig und dem Honig verrühren. Das restliche Öl zugeben und die Mischung cremig rühren. Mit Salz und Pfeffer würzen.

Das Fleisch aus der Marinade nehmen und auf dem heißen Grill in einer Grillschale von beiden Seiten etwa 4 Minuten grillen – je nach Bedarf auch länger, wenn es innen nicht mehr rosig sein soll. Während des Grillens mit der Marinade bestreichen.

Das Fleisch vom Grill nehmen, in Folie wickeln und 5 Minuten ruhen lassen. In Scheiben schneiden und mit der Orangensauce beträufeln.

Rehkoteletts vom Grill mit Käse

Für 4 Portionen
12 Rehkoteletts
100 ml Essig
250 ml Rotwein
2 Lorbeerblätter
je 1 Thymian- und Rosmarinzweig
je 5 Wacholderbeeren und Pfefferkörner
2 El Butterschmalz
100 g frisch geriebener Parmesan

Zubereitungszeit: ca. 15 Minuten (plus Marinier- und Grillzeit)
Pro Portion ca. 375 kcal/1575 kJ
42 g E · 17 g F · 3 g KH

Rehkoteletts vom Grill mit Käse
Die Rehkoteletts waschen und trocken tupfen. Essig und Rotwein mit den Lorbeerblättern in einem Topf aufkochen. Thymian- und Rosmarinzweig, Wacholderbeeren und Pfefferkörner zugeben, erneut aufkochen. Die Rehkoteletts in einer Schale mit dem Sud übergießen und abgedeckt im Kühlschrank über Nacht durchziehen lassen.

Anschließend das Fleisch aus der Marinade nehmen, abtropfen lassen und auf dem heißen Grill von beiden Seiten etwa 5 bis 6 Minuten grillen. Währenddessen mit dem Butterschmalz bestreichen. Kurz vor Ende der Grillzeit die Koteletts mit Käse bestreuen und abgedeckt weitergrillen, bis der Käse geschmolzen ist. Mit gegrilltem Gemüse und Brot servieren.

Waldpilze
Als Beilage zu gegrillten Rehkoteletts schmecken frisch gesammelte Waldpilze wie Röhrlinge, Pfifferlinge oder Hallimasch, die mit 1 gehackten Zwiebel und frischen Kräutern in heißer Butter geschmort werden.

2006 Shiraz „Altum"
TerraMater, Valle del Maipo

Dunkles kraftvolles Violett. Elegante Aromen von Brombeeren, reifen roten Früchten, dunkler Schokolade und Kaffee. Er ist gut strukturiert, vollmundig mit weichen Tanninen.

Hähnchenbrust mit Auberginen

Hähnchenbrust mit Auberginen
1 El Limettensaft mit dem Kümmelpulver, der Sesampaste, 6 El Olivenöl, Salz und Pfeffer verrühren. Das Hähnchenfleisch waschen, trocken tupfen und in 4 Scheiben schneiden. Die Scheiben in der Marinade einlegen und etwa 2 Stunden abgedeckt im Kühlschrank durchziehen lassen.

Den Knoblauch schälen und hacken. 3 El Öl erhitzen und den Knoblauch darin glasig schmoren. Den Essig und Zucker zugeben und unter Rühren aufkochen, bis der Zucker geschmolzen ist. Vom Herd nehmen und abkühlen lassen. Dann die Minze einrühren und mit dem restlichen Limettensaft abschmecken.

Die Auberginen putzen, waschen und in 1,5 cm dicke Scheiben schneiden. Die Scheiben mit dem restlichen Öl einstreichen und würzen.

Das Fleisch aus der Marinade nehmen und würzen. Auf dem heißen Grill von jeder Seite etwa 5 Minuten grillen. Die Auberginenscheiben dazulegen und alles weitere 6 Minuten grillen. Auberginen und Hähnchen vom Grill nehmen und mit dem Dressing beträufeln. Mit frischem Fladenbrot servieren. Dazu schmeckt ein Frischkäsedip.

Für 4 Portionen
Saft von 1 Limette
1/4 Tl Kreuzkümmelpulver
3 El Sesampaste
12 El Olivenöl
Salz, Pfeffer
450 g Hähnchenbrustfilet
3 Knoblauchzehen
2 El Weißweinessig
2 El Zucker
1/2 Bund frisch gehackte Minze
2 Auberginen

Zubereitungszeit: ca. 20 Minuten
(plus Marinier- und Grillzeit)
Pro Portion ca. 400 kcal/1680 kJ
29 g E · 28 g F · 8 g KH

Kreuzkümmel ist vor allem in der arabischen, indischen und mexikanischen Küche ein wichtiges Gewürz. Es wird zum Verfeinern von Suppen, Gemüse, Käse, Eintöpfen und wie in diesem Rezept für Marinaden verwendet.

Hähnchenbrust à la Provence mit Honigbutter

Hähnchenbrust à la Provence mit Honigbutter

Das Hähnchenfleisch waschen, trocken tupfen und in mundgerechte Würfel schneiden. Die Aprikosen im Grand Marnier 20 Minuten einweichen. Anschließend abwechselnd mit den Fleischwürfeln auf Spieße stecken.

Für 4 Portionen
2 Hähnchenbrüste
12 getrocknete Aprikosen
2 El Grand Marnier
40 g Butter
1 El Lavendelblütenhonig
1 Prise Cayennepfeffer
1/2 Tl Currypulver
Salz, Pfeffer

Zubereitungszeit: ca. 15 Minuten
(plus Einweich- und Grillzeit)
Pro Portion ca. 343 kcal/1439 kJ
22 g E · 9 g F · 39 g KH

Auf dem heißen Grill von jeder Seite etwa 8 Minuten grillen. Inzwischen die weiche Butter mit dem Honig und den Gewürzen verrühren. Kurz vor Ende der Grillzeit die Spieße mit der Würzbutter bestreichen.

Die Spieße auf Tellern anrichten. Restliche Butter dazu reichen. Dazu schmeckt Reis.

Tipp

Dieses Rezept können Sie variieren, indem Sie die Aprikosen durch Feigen, Datteln oder getrocknete Pflaumen ersetzen. Statt Hähnchenfleisch schmeckt auch Putenfleisch.

PUTENSPIEßE MIT BASILIKUM-PESTO

ENTENBRUST MIT BÄRLAUCH-PESTO

WACHTELSPIEßE MIT TAPENADE

PUTENSPIEẞE MIT PETERSILIEN-PESTO

ENTENBRUST MIT PISTAZIENPESTO

WACHTELN MIT CHILIPESTO

Orientalische Geflügelspieße mit Pistazienpesto

Für 4 Portionen
50 g Pistazien*
1 Bund glatte Petersilie*
4 Minzezweige*
1 unbehandelte Zitrone*
1 Knoblauchzehe
100 ml Olivenöl
je 1 Prise Zucker, Salz, Pfeffer
4 Hähnchenbrustfilets*
je 1/2 Tl Nelkenpulver, Kardamom, gemahlener Muskat, Kreuzkümmel
8 Tl Akazienhonig*

Zubereitungszeit: ca. 30 Minuten (plus Grillzeit)
Pro Portion ca. 543 kcal/2279 kJ
39 g E · 33 g F · 21 g KH

Orientalische Geflügelspieße mit Pistazienpesto

Für das Pesto die Pistazien ohne Fett rösten und abkühlen lassen. Die Kräuter waschen, trocken schütteln, die Blätter von den Stielen zupfen. Die Schale der Zitrone abreiben, den Saft auspressen. Den Knoblauch schälen und hacken. Pistazien, Kräuter, Knoblauch, Zitronenschale, 3 El Saft, Olivenöl und Zucker im Mixer pürieren. Mit Salz und Pfeffer würzen.

Die Hähnchenbrüste waschen und trocken tupfen. Die Brüste in Würfel schneiden und auf Spieße stecken. Die Gewürze mit Salz und Pfeffer mischen und das Fleisch damit einreiben. Gewürze gut festdrücken. Auf dem heißen Grill von jeder Seite 6 bis 8 Minuten grillen. Etwa 2 Minuten vor Ende der Grillzeit das Fleisch mit Honig bestreichen. Mit dem Pesto servieren.

* Die mit einem Sternchen versehenen Zutaten können ausgetauscht werden. Gewürze und Kräuter je nach Belieben.

Rucola

Frischer Rucolasalat mit seinem nussigen Geschmack passt zu den Spießen.

Radicchio

Radicchio hat einen leicht bitteren Geschmack, der durch ein Saure-Sahne-Dressing gemildert wird.

Romanasalat

Romanasalat verliert durch ein Zitronen-Sahne-Dressing seinen bitteren Geschmack.

2007 Rosé
Domaines de Triennes, Provence

Lachsfarbener Rosé aus den Reben Cinsault, Syrah, Carignan und Merlot. Aromen von vollreifen, roten Früchten sind zu schmecken. Der Wein ist elegant und frisch mit feinem Säuregerüst und schöner Länge.

Hähnchenbrust mit Apfel-Ingwer-Glasur

Hähnchenbrust mit Apfel-Ingwer-Glasur
Apfelgelee mit Sojasauce, Thymian, Ingwer und 1/4 Tl grob gemahlenem Pfeffer verrühren und in einem Topf erhitzen. 3 Minuten unter Rühren köcheln, vom Herd nehmen und abkühlen lassen.

Die Hähnchenbrüste waschen, trocken tupfen und zwischen Frischhaltefolie mit einer Pfanne oder dem Fleischklopfer flach klopfen. Mit dem Öl einstreichen und mit Salz und Pfeffer würzen. Auf dem heißen Grill mit der Hautseite nach unten 5 Minuten goldbraun grillen. Wenden und von der anderen Seite 4 Minuten grillen. 2 Minuten vor Ende der Grillzeit die Hähnchenbrüste mit der Apfel-Ingwer-Glasur bestreichen. Wenn das Fleisch durch ist, vom Grill nehmen und auf Tellern anrichten. Mit der restlichen Glasur bestreichen. In Folie wickeln und 5 Minuten ruhen lassen. Mit Gemüsesalat servieren.

Für 4 Portionen
100 g Apfelgelee
2 El Sojasauce
1 El frisch gehackter Thymian
1 El frisch geriebener Ingwer
Pfeffer
4 Hähnchenbrustfilets mit Haut
2 El Rapsöl
Salz

Zubereitungszeit: ca. 20 Minuten
(plus Grill- und Ruhezeit)
Pro Portion ca. 247 kcal/1038 kJ
36 g E · 36 g F · 17 g KH

eis

Veißer Reis ist der am häufigsten erwendete Reis in der Küche. Die eiskörner werden dafür geschält, eschliffen und poliert. Dadurch ge- en die meisten Nährstoffe unter er Schale wie Magnesium, Zink, Ei- en und Ballaststoffe verloren. Wird eis vor dem Schleifen eingeweicht nd mit Dampfdruck behandelt parboiled), werden die Nährstoffe s Innere des Korn gepresst, so- ass sie beim Schleifen nicht verlo- en gehen.

Nudeln

Nudeln werden hauptsächlich aus Weizenmehl oder Grieß und Was- ser zubereitet. In einigen Zuberei- tungen werden dem Teig Eier zuge- setzt. Wer diese Mischung zuerst be- nutzte, um daraus die begehrten Teigwaren herzustellen, darum strei- ten sich China, Japan, Frankreich und Italien. Mittlerweile gibt es zahl- reiche Nudelformen, von dünn und lang bis klein und dick, Nudelrollen, Nudelplatten und gefüllte Nudeln.

Für 4 Portionen
4 Putenunterkeulen
1 unbehandelte Limette
2 Knoblauchzehen
2 cm frischer Ingwer
1 El Sojasauce
1 El fein gehacktes Zitronengras
3 El Sesamöl
Salz
1 getrocknete Chilischote

Zubereitungszeit: ca. 20 Minuten
(plus Marinier- und Grillzeit)
Pro Portion ca. 378 kcal/1586 kJ
31 g E · 27 g F · 1 g KH

Gegrillte Putenkeulen nach Asiaart

Gegrillte Putenkeulen nach Asiaart

Die Putenkeulen waschen und trocken tupfen. Die Limettenschale abreiben, die Frucht auspressen. Die Knoblauchzehen schälen und hacken. Den Ingwer schälen und fein reiben.

Die Limettenschale und den -saft mit Ingwer, Knoblauch, Sojasauce, Zitronengras und Öl verrühren. Mit Salz und der fein zerbröselten Chilischote mischen. Die Putenunterkeulen mit der Mischung einreiben und abgedeckt etwa 1 Stunde durchziehen lassen.

Die Putenkeulen anschließend auf dem heißen Grill 20 bis 25 Minuten grillen, dabei mehrmals wenden. Wenn beim Einstechen klarer Saft austritt, die Keulen vom Grill nehmen und mit Chinakohlsalat servieren.

Putenburger mit Zwiebel-Relish

Für 4 Portionen
2 Gemüsezwiebeln
4 El Olivenöl
Salz, Pfeffer
3 El Balsamessig
1 Tl Senf
1 El frisch gehackter Thymian
50 ml kalt gepresstes Olivenöl
1,25 kg Putenfleisch
4 Scheiben Vollkornbrot
8 Scheiben Gruyère

Zubereitungszeit: ca. 20 Minuten (plus Grillzeit)
Pro Portion ca. 865 kcal/3633 kJ
73 g E · 55 g F · 19 g KH

Putenburger mit Zwiebel-Relish

Für das Relish die Zwiebeln mit der Schale in Viertel schneiden und mit 2 El Olivenöl einstreichen. Mit Salz und Pfeffer würzen. Die Zwiebeln auf dem heißen Grill gar grillen. Vom Grill nehmen, schälen und fein hacken. Essig, Senf und Thymian mischen und mit Salz und Pfeffer abschmecken. Das kalt gepresste Olivenöl zugeben und die Mischung cremig rühren. Zuletzt die Zwiebeln unterheben.

Das Putenfleisch waschen, trocken tupfen und durch den Fleischwolf drehen. Aus dem Fleisch 4 Burger formen, mit 2 El Olivenöl bestreichen und mit Salz und Pfeffer würzen. Auf dem heißen Grill von jeder Seite 4 bis 6 Minuten grillen, bis das Fleisch durch ist.

4 Scheiben Vollkornbrot mit je 1 Scheibe Käse und etwas Zwiebelrelish belegen. Darauf je 1 Putenburger setzen und mit einer Scheibe Käse bedecken. Erneut auf den Grill legen und den Käse schmelzen lassen.

Die Putenburger mit frischem Blattsalat und nach Bedarf mit Ketchup servieren.

Kroketten

Für Kroketten Kartoffelpüree herstellen (s. Seite 167) und mit etwas Mehl vermischen, sodass ein fester Teig entsteht. Daraus dünne Rollen formen und in 3 bis 4 cm lange Stücke schneiden. In Paniermehl wälzen und in der Fritteuse goldbraun backen.

Pommes

Kartoffeln schälen und mit einer Maschine oder dem Messer in dünne Stifte schneiden. Trocken tupfen. In heißem Frittieröl 5 Minuten frittieren. Herausnehmen und abtropfen lassen. Kurz vor dem Servieren erneut 5 Minuten frittieren, bis sie knusprig sind. Abtropfen lassen und würzen.

Herzogin-Kartoffeln

Das Kartoffelpüree in einen Spritzbeutel geben und auf ein Backblech spritzen. Im Ofen bei 180 °C 15 Minuten goldbraun backen.

MIT BASILIKUM-TOMATEN-SAUCE

MIT DILL-SAHNE-SAUCE

MIT SENF-KERBEL-SAUCE

Truthahnbrust mit Petersilien-Minz-Sauce
Die Gewürze miteinander mischen und in eine Schüssel geben. Die Truthahnbrüste waschen, trocken tupfen, in Scheiben schneiden und von beiden Seiten mit Öl einreiben. Auf einer Seite mit der Gewürzmischung einstreichen und mit dieser Seite auf den heißen Grill legen. Das Fleisch 4 bis 5 Minuten grillen, die andere Seite mit Gewürzen einstreichen und auch auf dieser Seite 4 bis 5 Minuten grillen.

Für die Sauce die Kräuter waschen, trocken tupfen und fein hacken. Den Knoblauch schälen, die Chilis putzen, entkernen und beides fein hacken. Kräuter, Knoblauch, Chili, Honig und Senf miteinander mischen und im Mixer gut verrühren. Das Öl langsam einlaufen lassen und die Sauce cremig rühren. Nach Belieben die Sauce mit etwas Wasser verdünnen und mit Salz und Pfeffer abschmecken.

Die gegrillten Truthahnbrüste mit der Petersilien-Minz-Sauce anrichten. Dazu frisches Brot reichen.

Truthahnbrust mit Petersilien-Minz-Sauce

Für 4 Portionen
2 El Paprikapulver
1 1/2 Tl gemahlener Kreuzkümmel
1 1/2 Tl Senf
1 1/2 Tl gemahlener Fenchel
1 Tl grob gehackter Pfeffer
1 Tl Salz
4 Truthahnbrustfilets (à 180 g)
50 ml Olivenöl

Petersilien-Minz-Sauce
1 1/2 Bund Petersilie
1/2 Bund Minze
3 Knoblauchzehen
2 rote Chilischoten
1 El Honig
2 El Senf
150 ml Olivenöl
Salz, Pfeffer

Zubereitungszeit: ca. 20 Minuten (plus Grillzeit)
Pro Portion ca. 675 kcal/2835 kJ
46 g E · 53 g F · 5 g KH

Tipp
Die Petersilien-Minz-Sauce können Sie beliebig variieren, zum Beispiel mit Kerbel und Senf, Sahne und Dill oder Tomaten und Basilikum.

Scharf marinierte Kokos-Entenbrust

Scharf marinierte Kokos-Entenbrust

Die Limette heiß waschen, trocken reiben. Die Schale abreiben und den Saft auspressen. Die Chilischote putzen, entkernen und fein hacken. Den Ingwer schälen und fein reiben. Die Schalotten und den Knoblauch schälen und fein hacken.

Die Kokosmilch in einen Topf geben und erwärmen, den Honig einrühren, Limettenschale und -saft, Chili, Ingwer, Schalotten und Knoblauch zugeben und erhitzen. Vom Herd nehmen. Die Entenbrustfilets in 4 Teile schneiden, waschen, trocken tupfen und in der Marinade etwa 4 Stunden durchziehen lassen. Mehrmals wenden.

Aus der Marinade nehmen und trockentupfen. Die Hautseite kreuzförmig einschneiden. Entenbrüste mit der Hautseite nach unten auf den heißen Grill legen und etwa 25 Minuten grillen, wenden und weitere 10 Minuten grillen. Mehrmals mit der Marinade bestreichen.

Die Entenbrustfilets mit Reis und Salat servieren. Restliche Marinade erwärmen und als Sauce dazureichen.

Für 4 Portionen
1 unbehandelte Limette
1 rote Chilischote
3 cm Ingwerwurzel
2 Schalotten
1 Knoblauchzehe
160 ml Kokosmilch
1 Tl Honig
600 g Entenbrustfilets

Zubereitungszeit: ca. 20 Minuten
(plus Marinier- und Grillzeit)
Pro Portion ca. 680 kcal/2856 kJ
54 g E · 49 g F · 5 g KH

Tipp

Nehmen Sie ungesüßte Kokosmilch für dieses Rezept. Durch die Zugabe von Honig können Sie die Süße selbst bestimmen.

HÄHNCHENKEULEN MIT OLIVEN-SHERRY-SAUCE

PUTENUNTERKEULEN MIT SHERRY-ORANGEN-SAUCE

CHICKEN WINGS MIT SCHWARZER-PFEFFER-SAUCE

HÄHNCHENKEULEN MIT KNOBLAUCH-OREGANO-SAUCE

GÄNSEKEULEN MIT SHERRY-SAUCE

CHICKEN WINGS MIT KRÄUTER-PASTIS-SAUCE

Chicken Wings mit Oliven-Sherry-Sauce

Für 4 Portionen
4 El Olivenöl
2 Schalotten*
1 Knoblauchzehe*
abgeriebene Schale von
1 unbehandelten Orange*
350 ml Orangensaft*
3 El Sherryessig*
200 ml Hühnerbrühe*
2 Rosmarinzweige*
3 El Honig*
Salz, Pfeffer
8–12 Chicken Wings*
100 g grüne Oliven*

Zubereitungszeit: ca. 20 Minuten (plus Koch- und Grillzeit)
Pro Portion ca. 473 kcal/1985 kJ
29 g E · 34 g F · 13 g KH

Chicken Wings mit Oliven-Sherry-Sauce

2 El Öl erhitzen. Die Schalotten schälen, hacken und im heißen Öl glasig schmoren. Den Knoblauch schälen, hacken und zu den Schalotten geben. 1/2 Minute mitschmoren. Orangenschale, -saft und Essig hinzufügen und aufkochen. Die Mischung unter Rühren um die Hälfte einkochen, die Brühe und den Rosmarin zugeben und erneut um die Hälfte einkochen. Die Sauce durch ein Sieb gießen und den Honig einrühren. Mit Salz und Pfeffer abschmecken. Warm stellen.

Die Chicken Wings mit dem restlichen Öl bestreichen und würzen. Auf den Grill legen und von beiden Seiten 4 bis 5 Minuten grillen, bis das Fleisch durch ist. Die Chicken Wings mit der Sauce anrichten. Die Oliven halbieren, entsteinen und dazu reichen.

* Die mit einem Sternchen versehenen Zutaten können ausgetauscht werden. Gewürze und Kräuter je nach Belieben.

Auberginen

Gegrillte Auberginen schmecken in einer Knoblauch-Öl-Kräuter-Marinade auch kalt als Vorspeise.

Getrocknete Tomaten

Sie schmecken sehr intensiv und werden ebenfalls mit Knoblauch, Kräutern und Olivenöl eingelegt.

Zucchini

Mit Öl, Kräutern und Knoblauch mariniert sind gegrillte Zucchini Bestandteil italienischer Antipasti.

Cevapcici mit Ajvar

Cevapcici mit Ajvar

Zwiebel und Knoblauchzehen schälen und fein hacken. Mit den beiden Hacksorten und dem Rotwein mischen. Mit Salz, Pfeffer, Paprikapulver und Thymian würzen und zu einem glatten Teig verarbeiten. Aus dem Teig mit feuchten Händen etwa 15 kleine Hackrollen formen, mit Öl bestreichen und auf dem heißen Grill knusprig braun grillen, bis die Röllchen gut durchgegart sind.

Für das Ajvar den Backofen auf 250 °C (Umluft 220 °C) vorheizen. Paprikaschoten und Aubergine waschen, trocknen und im Ofen backen, bis die Haut Blasen wirft und sich verfärbt. Herausnehmen und in einem Plastikbeutel abkühlen lassen. Dann beide schälen und fein würfeln, die Paprikaschote dabei entkernen. Zwiebel und Knoblauch schälen und fein hacken. Die Chili putzen, waschen, entkernen und ebenfalls hacken. Alle Zutaten miteinander mischen und pikant abschmecken. Ajvar zu den Cevapcici reichen.

Für 4 Portionen
1 Zwiebel
2 Knoblauchzehen
200 g Lammhack
200 g Rinderhack
3 El Rotwein
Salz, Pfeffer
1 El Paprikapulver
1 El frisch gehackten Thymian
2 El Rapsöl

Ajvar
3 rote Paprikaschoten
1 Aubergine
1 Zwiebel
1 Knoblauchzehe
1 rote Chilischote
2 El Olivenöl
1 El Zitronensaft
Salz, Pfeffer

Zubereitungszeit: ca. 30 Minuten
(plus Back- und Grillzeit)
Pro Portion ca. 275 kcal/1155 kJ
27 g E · 14 g F · 8 g KH

osinenreis

ür 4 Portionen 250 g Reis nach ackungsanweisung garen. Nach nde der Garzeit 50 g gewaschene osinen zugeben und kurz im Reis hitzen. Zu gegrillten Cevapcici ein chmackhafter Kontrast.

Jugoreis

Für 4 Portionen 250 g Reis nach Packungsanweisung garen. 10 Minuten vor Ende der Garzeit 1/2 fein gewürfelte grüne Paprikaschote und 2 El Tomatenmark zugeben und mit dem Reis fertig garen.

Für 4 Portionen	2 El Zitronenlikör
1 großes Brathuhn (ca. 1,5 kg)	12 schwarze Oliven
75 g Butter	3 El frisch gehackter Kerbel
Salz	Kerbel zum Garnieren
½ Tl Tabasco	
3 Knoblauchzehen	
3 unbehandelte Orangen	
2 unbehandelte Limetten	
125 ml Olivenöl	
3 El süße Chilisauce	

Zubereitungszeit: ca. 30 Minuten (plus Grillzeit)
Pro Portion ca. 967 kcal/4064 kJ
52 g E · 77 g F · 14 g KH

Sizilianisches Grillhuhn

Sizilianisches Grillhuhn
Das Huhn waschen, trocken tupfen und in etwa 10 Teile schneiden. Die Butter mit dem Salz, ½ Tl Tabasco mischen. Die Knoblauchzehen schälen und dazupressen. Eine cremige Paste rühren und die Hähnchenstücke damit einreiben, auch unter der Haut. Die Teile auf dem heißen Grill etwa 25 bis 30 Minuten knusprig grillen.

Für die Sauce die Orangen und Limetten heiß waschen. Von 1 Orange die Haut mit einem Zestenreißer abschälen, zwei Orangen und die Limetten auspressen. Das Olivenöl mit der Chilisauce und den Zitrussäften verrühren, Zitronenlikör und Oliven zugeben. Den Kerbel unter die Sauce rühren und diese kurz erwärmen.

Die gegrillten Hähnchenteile mehrmals in der Sauce wenden. Mit Orangenscheiben und Kerbel garniert servieren. Die restliche Sauce mit Brot zum Grillhuhn reichen.

Das Würzkraut **Kerbel** hat Ähnlichkeit mit der Petersilie, ist aber feiner im Geschmack. Er sollte nur frisch und kurz vor dem Servieren den Speisen zugegeben werden, weil es sein Aroma beim Trocknen und Kochen schnell verliert.

Türkische Fleischspieße mit Würzjoghurt

Für 4 Portionen
400 g Lammsteak
1 Zwiebel
2 Knoblauchzehen
2 El Olivenöl
1/2 El frisch gehackte Pfefferminzblätter
2 El Milch
1 gelbe Paprikaschote
2 Tomaten
Salz, Pfeffer
300 g Joghurt
5 Tl Limettensaft
je 1 El frisch gehackte Petersilie und gehackter Dill
1 Tl Kreuzkümmel
250 g Salatgurke

Zubereitungszeit: ca. 20 Minuten (plus Marinier- und Grillzeit)
Pro Portion ca. 260 kcal/1092 kJ
33 g E · 10 g F · 9 g KH

Türkische Fleischspieße mit Würzjoghurt

Das Lammfleisch waschen, trocken tupfen und in Würfel schneiden. Die Zwiebel und den Knoblauch schälen. Die Zwiebeln reiben, den Knoblauch mit etwas Salz zerdrücken. Zwiebeln, Knoblauch, Olivenöl, Pfefferminze und Milch miteinander verrühren und die Fleischwürfel darin über Nacht marinieren.

Die Paprikaschote putzen, entkernen, waschen und würfeln. Die Tomaten waschen, den Stielansatz entfernen, die Tomaten vierteln.

Das Fleisch aus der Marinade nehmen und abwechselnd mit den Paprikawürfeln und Tomatenvierteln auf Spieße stecken. Mit Salz und Pfeffer würzen. Auf dem heißen Grill etwa 10 Minuten grillen, wenden und weitere 8 Minuten grillen. Zwischendurch öfter mit Marinade bestreichen.

Den Joghurt mit dem Limettensaft und den Kräutern mischen. Die Gurke schälen, fein reiben und unter den Joghurt heben. Mit Kreuzkümmel, Salz und Pfeffer abschmecken. Den Würzjoghurt zu den Fleischspießen reichen. Dazu schmeckt Fladenbrot.

Gefüllte Kirschpaprika

300 g Kirschpaprika aus dem Glas abtropfen lassen. 200 g Frischkäse mit 2 El frischgehackten Kräutern (z. B. Basilikum, Oregano und Thymian) verrühren, mit Salz und Pfeffer würzen und in die Kirschpaprika füllen.

Minzjoghurt

500 g Joghurt cremig rühren, 4 El feingehackte Minzblätter unterheben und mit Salz und Pfeffer abschmecken.

Eingelegte Peperoni

Eingelegte Peperoni gibt es in milder und scharfer Ausführung. Die sauer eingelegten Schoten werden gerne als Beilage zu griechischen und türkischen Salaten und Grillgerichten gereicht.

Gemischte levantinische Fleischspieße

Die Zucchini putzen, waschen und längs in 8 dünne Scheiben schneiden. Das Fleisch und die Leber waschen, trocken tupfen und in 8 gleich große Stücke schneiden. Jedes Filetstück zuerst mit einer Zucchini-, dann mit einer Speckscheibe umwickeln.

Die Zwiebeln schälen und halbieren. Den Salbei waschen, trocken schütteln und die Blättchen von den Stängeln zupfen. Die Zitrone heiß waschen und in dünne Scheiben schneiden.

Abwechselnd umwickelte Filetstücke, Zitronenscheiben, Zwiebelhälften, Hähnchenleber und Salbeiblätter auf 4 große Spieße stecken. Mit dem Öl einstreichen und auf dem heißen Grill etwa 10 Minuten grillen, dabei mehrmals wenden. Danach mit Salz und Pfeffer würzen. Mit Risotto servieren.

Gemischte levantinische Fleischspieße

Für 4 Portionen
1 Zucchini
600 g Rinderfilet
125 g Hähnchenleber
8 dünne Scheiben Frühstücksspeck
4 Zwiebeln
1 Bund Salbei
1 unbehandelte Zitrone
2 El Olivenöl
Salz, Pfeffer

Zubereitungszeit: ca. 20 Minuten (plus Grillzeit)
Pro Portion ca. 378 kcal/1585 kJ
56 g E · 13 g F · 9 g KH

Die **Salbeipflanze** stammt aus dem Mittelmeerraum – sehr verbreitet ist der Gartensalbei. Er wird als Heilmittel und Gewürz geschätzt. Blätter und Stängel sind von einem feinen Flaum überzogen, daher der Name „Kamelzunge" bei den Arabern. Der Geschmack von Salbei ist scharf und streng, er sollte daher zum Würzen sparsam verwendet werden. In der Naturmedizin wird Salbei eine krampflösende, antiseptische und reinigende Wirkung zugeschrieben.

Mit Fisch und Meeresfrüchten

Grillen ist unter gesundheitlichen Gesichtspunkten nicht unbedenklich. Doch gibt es auch ernährungsphysiologische Vorzüge.

Alle Griller wissen, dass sich schädliche Stoffe bilden, wenn Fett und Fleischsaft in die Glut tropfen, und dass beim Grillen Nitrosamine entstehen, wenn die Hitze zu groß ist und das Grillgut schwarz wird.

Dank neuer, TÜV-geprüfter Grillgeräte oder einer einfachen Alu-Grillschale kann das verhindert werden. Fett und Saft werden so aufgefangen, bevor sie in die Glut tropfen.

Die Vorzüge des Grillens sind, dass wesentlich mehr Mineralien und Vitamine im Gegrillten erhalten bleiben als beim Kochen, Schmoren und Dünsten. Das ist nicht nur bei Fleisch, sondern vor allem bei Fisch und Meeresfrüchten wichtig, denn sie enthalten wertvolles Eiweiß, Vitamine und Fettsäuren.

Mit Fisch und Meeresfrüchten

Fisch und Meeresfrüchte vom Grill schmecken einfach köstlich – die Haut ist knusprig, das Fleisch saftig, der Geruch einzigartig.

Am besten werden Fische im Ganzen gegrillt, damit das Fleisch nicht austrocknet. Die Bauchhöhle kann mit Kräutern, Gewürzen oder einer Farce gefüllt werden, so wird das Geschmackserlebnis noch erhöht. Am besten sind fettreiche Fische wie Makrele, Hering oder auch die königlichen Doraden geeignet. Aber auch das feste Fleisch von Lachs, Thunfisch, Schwertfisch und Heilbutt kann gut auf dem Grill zubereitet werden. Sehr zart wird es, wenn die Stücke vor dem Grillen mariniert werden. Besonders saftig bleibt das Fischfleisch, wenn es zusammen mit verschiedenen Kräutern oder Gemüse in Folie oder Bananenblättern eingewickelt auf den Grill kommt.

Wenn Sie Fischfilet grillen, ist es ganz wichtig darauf zu achten, dass der Saft im Fleisch erhalten bleibt. Am besten grillen Sie die Stücke auf der Haut oder bestreichen Sie mit einer öligen Würzmischung, einer Glasur oder Butter.

Unter den Meeresfrüchten sind natürlich Garnelen & Co. die Klassiker auf dem Grill. Hier finden Sie auch Hummer, Tintenfisch und Muscheln in pikanten Saucen, mit scharfen Dips oder fruchtigen Chutneys. Große Schalentiere sollten natürlich vor der Zubereitung gekocht, alle jedoch ausschließlich in der Schale gegrillt werden.

Zu jeder Art von Zubereitung haben wir für Sie Rezepte ausprobiert. Ob Red Snapper mit einer Würzmischung, Pangasius mit einer Thai-Glasur, gefüllte Lachsforelle oder Sardinen in Weinblättern – Sie sollten keins davon auslassen.

LACHS MIT ORANGENGLASUR

SEEHECHT MIT HONIG-SENF-SAUCE

LACHS MIT DILLCREME

SCHWERTFISCH MIT HONIG-SENF-SAUCE

LACHS MIT PAPRIKA-SALSA

THUNFISCH MIT HONIG-SENF-SAUCE

Lachs mit Honig-Senf-Sauce

Für 4 Portionen
3 El Dijonsenf*
2 El körniger Senf*
3 El Honig*
2 El frisch geriebener Meerrettich*
2 El frisch gehackte Minze*
Salz, Pfeffer
4 Lachsfilets*
4 El Olivenöl*
1 Bund Brunnenkresse*
1 rote Zwiebel*
2 El Sherryessig*

Zubereitungszeit: ca. 20 Minuten (plus Grillzeit)
Pro Portion ca. 268 kcal/1124 kJ
29 g E · 15 g F · 5 g KH

Lachs mit Honig-Senf-Sauce

Die beiden Senfsorten mit dem Honig, dem Meerrettich und der Minze verrühren und mit $^{1}/_{4}$ Tl Salz und Pfeffer nach Geschmack würzen. Die Mischung 15 Minuten durchziehen lassen.

Die Fischfilets waschen, trocken tupfen, mit 2 El Öl einstreichen und mit Salz und Pfeffer würzen. Auf dem heißen Grill 3 bis 4 Minuten grillen, wenden und von der anderen Seite etwa 3 Minuten grillen.

Die Brunnenkresse putzen, waschen und fein hacken. Die Zwiebel schälen und hacken. Beide Zutaten mit dem Essig und 2 El Olivenöl mischen und mit Salz und Pfeffer würzen.

Den Brunnenkresse-Salat auf Tellern anrichten, die gegrillten Lachsfilets darauf legen. Mit der Honig-Senf-Sauce überziehen.

* Die mit einem Sternchen versehenen Zutaten können ausgetauscht werden. Gewürze und Kräuter je nach Belieben.

Romanesco

Romanesco mit geschmorten roten Zwiebelringen passt als Beilage zu Seehecht mit Honig-Senf-Sauce.

Blumenkohl

Blumenkohl mit gehackten gekochten Eiern schmeckt gut zu Lachs mit Paprika-Salsa.

Brokkoli

Brokkoli mit gerösteten Mandelblättchen – passt zu Thunfisch, Lachs und Schwertfisch.

2005 Sauvignon Blanc
Drautz-Able, Württemberg

Grünlich gelbe Farbe. Sehr harmonischer, im Edelstahl ausgebauter Sauvignon blanc mit feinen Aromen von Stachelbeere und Cassis. In der Nase finden wir den Duft einer sommerlichen Blumenwiese.

Zander mit Zitronen-Ingwer-Sauce

Zander mit Zitronen-Ingwer-Sauce
Die Chilischote putzen, entkernen und fein hacken. Den Ingwer schälen und fein reiben. Mit der Chilischote, dem Zitronensaft, dem Honig und 40 ml Wasser in einem Topf aufkochen, dann bei geringer Temperatur etwa 30 Minuten köcheln, bis die Masse cremig ist. Vom Herd nehmen, pürieren und durch ein Sieb streichen.

Wein und Fischfond aufkochen und bis auf ein Drittel einkochen. Ingwerpüree und Sahne einrühren und mit Limettensaft, Salz und Pfeffer abschmecken.

Den Zander waschen, trocken tupfen. Mit dem Öl einstreichen und mit Salz und Pfeffer würzen. Auf dem heißen Grill von jeder Seite etwa 3 bis 4 Minuten grillen, bis das Fleisch fest, aber nicht hart ist. Den Zander mit der Zitronen-Ingwer-Sauce servieren.

Für 4 Portionen
1 rote Chilischote
200 g frischer Ingwer
100 ml Zitronensaft
1 1/2 El Honig
300 ml trockener Weißwein
300 ml Fischfond
300 ml Sahne
Saft von 1 Limette
Salz, Pfeffer
4 Zanderfilets
2 El Öl
Salz, Pfeffer

Zubereitungszeit: ca. 15 Minuten
(plus Koch- und Grillzeit)
Pro Portion ca. 498 kcal/2089 kJ
33 g E · 28 g F · 16 g KH

Rosmarinkartoffeln

500 g Kartoffeln schälen und vierteln. Auf ein gefettetes Backblech legen und mit Salz und Pfeffer würzen. 3 El Rosmarinnadeln über die Kartoffeln streuen und mit 5 El Olivenöl beträufeln. Im vorgeheizten Backofen bei 200 °C (Umluft 180 °C) etwa 35 bis 40 Minuten backen.

Kartoffeln mit Meersalz

800 g kleine Kartoffeln gründlich waschen und in einem Topf mit Wasser bedecken. 1 bis 2 El Meersalz zugeben und etwa 20 Minuten garen. Abgießen und ausdämpfen lassen. Das Meersalz hinterlässt eine salzige Kruste auf den Kartoffeln.

Für 4 Portionen	2 El Olivenöl
8 Shiitakepilze	6 El Sojasauce
350 g Heilbuttfilet	2 El Weißwein
350 g Seehechtfilet	2 El Reisweinessig
Salz, Pfeffer	2 El Sesamöl
2 El Zitronensaft	
16 Riesengarnelen ohne Kopf	
1 rote Paprikaschote	
1 Stange Staudensellerie	
100 g Zuckerschoten	

Zubereitungszeit: ca. 20 Minuten (plus Grillzeit)
Pro Portion ca. 497 kcal/2089 kJ
78 g E · 13 g F · 20 g KH

Asiatische Fischpäckchen in Folie

Asiatische Fischpäckchen in Folie

Die Pilze putzen, feucht abreiben, Stiele entfernen und die Pilze würfeln. Die Fischfilets waschen, trocken tupfen und mit Salz und Pfeffer würzen. Mit Zitronensaft beträufeln und in mundgerechte Stücke schneiden. Die Garnelen aus den Schalen brechen, den Darm entfernen und die Garnelen längs halbieren.

Die Paprikaschote putzen, waschen, entkernen und in Streifen schneiden. Den Sellerie putzen, waschen und in Ringe schneiden. Die Zuckerschoten putzen, waschen und in Streifen schneiden.

4 große Stücke Alufolie auslegen, mit Öl bestreichen und Gemüse, Pilze, Fischstücke und Garnelen daraufgeben. Die restlichen Zutaten miteinander verrühren und über die Fisch-Gemüse-Mischung träufeln. Die Päckchen verschließen und auf dem heißen Grill etwa 15 bis 20 Minuten grillen. Dazu schmeckt Reis.

Tipp

Shiitakepilze lassen sich in einer Papiertüte im Kühlschrank bis zu einer Woche aufbewahren – allerdings nur ungewaschen.

Panierte Sardinen vom Grill

Für 4 Portionen
1 kg küchenfertige grüne Sardinen
2 Tl gemahlener Ingwer
je 1 El frisch gehackte Petersilie und frisch gehackter Dill
2 El Zitronensaft
2 Eier
Kräutersalz, Pfeffer
100 g Mehl
2 Tl edelsüßes Paprikapulver

Zubereitungszeit: ca. 10 Minuten (plus Grillzeit)
Pro Portion ca. 435 kcal/1827 kJ
52 g E · 16 g F · 19 g KH

Panierte Sardinen vom Grill

Die Sardinen waschen, trocken tupfen und von innen und außen mit dem Ingwer und den Kräutern einreiben. Mit Zitronensaft beträufeln. Die Eier in einem Teller mit Kräutersalz und Pfeffer verquirlen. Das Mehl mit dem Paprikapulver mischen.

Die Fische nacheinander in Ei und Mehl wenden und auf dem heißen Grill etwa 10 Minuten grillen, bis sie knusprig braun sind. Mit frischem Brot und Salat servieren.

Tipp

Sardinen sind Salzwasserfische und gehören zur Familie der Heringe. Sie sind recht klein, sodass sie binnen weniger Minuten gar sind und gut als Ganzes zubereitet werden können. Das Fleisch frischer Sardinen hat einen äußerst kräftigen und würzigen Geschmack, der sich besonders beim Grillen zu einer echten Delikatesse entwickelt.

Knoblauchmayonnaise

2 Eigelb mit 1 Tl Senf, 1 El Zitronensaft cremig rühren. 300 ml Sonnenblumenöl tropfenweise, dann in dünnem Strahl zugießen, bis eine Mayonnaise entstanden ist. Salzen und pfeffern. 6 geschälte, zerdrückte Knoblauchzehen unterheben.

Remoulade

200 g Mayonnaise mit 1 El Zitronensaft, 1 Tl gehackten Kapern, 2 El frisch gehackten Kräutern, 1/2 Tl Sardellenpaste und 2 fein gehackten Gewürzgurken sowie 1 geschälten, gehackten Schalotte mischen. Mit Salz und Pfeffer würzen.

Tatarsauce

200 g Mayonnaise mit 1 gehackten, gekochten Ei, 2 geschälten, gehackten Schalotten, 2 El gehackten Kapern, 1 El Dijonsenf und 1 El gehackter Petersilie mischen. Nach Belieben mit Joghurt verrühren.

Gefüllte Doraden

Die Fische waschen, trocken tupfen. Die Kräuter waschen, trocken schütteln und in die Bauchhöhlen der Fische stecken. Die Fische mit Salz und Pfeffer würzen und mit etwas Olivenöl beträufeln. Die Fische auf den heißen Grill legen und insgesamt etwa 15 Minuten garen, dabei einmal wenden und mehrmals mit Olivenöl bestreichen.

Die Oliven entsteinen und hacken. Das restliche Olivenöl mit dem Zitronensaft verrühren.

Die Doraden auf Tellern anrichten, die Oliven dazugeben. Mit der Olivenöl-Zitronen-Mischung beträufeln. Dazu schmecken Grilltomaten und Rosmarinkartoffeln.

Für 4 Portionen
4 küchenfertige Doraden
4 Bouquets garnis
Salz, Pfeffer
200 ml Olivenöl
je 75 g schwarze und grüne Oliven
Saft von 1 Zitrone

Zubereitungszeit: ca. 15 Minuten (plus Grillzeit)
Pro Portion ca. 440 kcal/1848 kJ
30 g E · 35 g F · 3 g KH

Gefüllte Doraden

2007 Cardellino Chardonnay
Elena Walch, Südtirol

Leuchtendes Hellgelb mit intensiven Fruchtnoten und floralen Aromen. Frisch und saftig mit würzigem Bukett. Ein Wein mit angenehm eingebundener Säure und gut strukturiertem Körper. Elegant und lang anhaltend im Abgang.

Red Snapper vom Grill mit Koriander

Red Snapper vom Grill mit Koriander

Die Zwiebel schälen, die Frühlingszwiebeln putzen, beide hacken. Die Chilischoten putzen, entkernen und hacken, die Ingwerwurzel und die Knoblauchzehen schälen und beide hacken. Zwiebeln, Chili, Ingwer und Knoblauch mit Thymian und den Gewürzen mischen. Im Mixer mit dem Zitronensaft und dem Öl verrühren.

Die Fischfilets waschen, trocken tupfen und in eine Schale legen. Mit etwa einem Drittel von der Gewürzmischung bestreichen und etwa 20 Minuten im Kühlschrank durchziehen lassen. Anschließend mit der gewürzten Seite nach unten auf den Grill legen und etwa 4 Minuten grillen. Wenden und von der anderen Seite weitere 4 Minuten grillen. Dabei mit der restlichen Würzmischung bestreichen. Den Koriander waschen, trocken tupfen und hacken. Die Red-Snapper-Filets mit dem Koriander bestreut servieren.

Für 4 Portionen
1 Zwiebel
1/2 Bund Frühlingszwiebeln
2 rote Chilischoten
2 cm frische Ingwerwurzel
1 Knoblauchzehe
1 El frisch gehackter Thymian
1 Tl gemahlener Zimt
1 Tl gemahlener Piment
1/2 Tl gemahlene Nelken
Salz, Pfeffer
Saft von 1 Zitrone
50 ml Rapsöl
4 Red-Snapper-Filets
1/2 Bund Koriander

Zubereitungszeit: ca. 15 Minuten
(plus Marinier- und Grillzeit)
Pro Portion ca. 300 kcal/1260 kJ
29 g E · 18 g F · 5 g KH

Tipp
Die Paste aus Frühlingszwiebeln, Chili und Ingwer verleiht dem Fisch einen frischen Geschmack und hält ihn saftig.

TILAPIA MIT PARMESANBUTTER

PANGASIUS MIT ZITRONENBUTTER

SEELACHS MIT KRÄUTERBUTTER

TILAPIA MIT PFEFFERBUTTER

PANGASIUS MIT THYMIANBUTTER

SEELACHS MIT SESAMBUTTER

Tilapia mit Limettenbutter

Für 4 Portionen
Abgeriebene Schale und Saft von 1 unbehandelten Limette*
100 ml trockener Weißwein*
2 Tl Honig*
8 El ungesalzene Butter
Salz, Pfeffer
4 Tilapiafilets*
2 El Olivenöl
½ Bund frisch gehackte Petersilie*

Zubereitungszeit: ca. 15 Minuten (plus Koch- und Grillzeit)
Pro Portion ca. 288 kcal/1208 kJ
27 g E · 14 g F · 9 g KH

Tilapia mit Limettenbutter
Die Limettenschale, den -saft, den Wein und den Honig in einem Topf aufkochen und auf die Hälfte einkochen. Vom Herd nehmen und abkühlen lassen. Die weiche Butter mit der Weinmischung verrühren und mit Salz und Pfeffer würzen.

Die Fischfilets waschen, trocken tupfen und mit Olivenöl einstreichen. Mit Salz und Pfeffer würzen. Die Filets auf dem heißen Grill auf jeder Seite etwa 4 Minuten grillen.

Die Filets vom Grill nehmen und mit der Limettenbutter belegen. Mit Petersilie garniert servieren. Dazu schmeckt Wildreis.

* Die mit einem Sternchen versehenen Zutaten können ausgetauscht werden. Gewürze und Kräuter je nach Belieben.

Kartoffelpüree
Für Kartoffelpüree gekochte Kartoffeln mit Milch und Butter cremig stampfen und mit Muskat, Salz und Pfeffer abschmecken.

Dauphinekartoffeln
600 g Kartoffelpüreeteig mit 300 g Windbeutelteig mischen und in einen Spritzbeutel füllen. Auf Pergament Formen spritzen, in heißes Fett gleiten lassen und goldbraun ausbacken.

Salzkartoffeln
Kartoffeln schälen, halbieren und in kochendem Salzwasser etwa 15 bis 10 Minuten garen.

Gefüllte Makrele mit Rucola

Gefüllte Makrele mit Rucola
Die Makrelen waschen, trocken tupfen. Innen und außen mit Olivenöl einstreichen und mit Salz und Pfeffer würzen. Die Kräuter waschen und trocken tupfen. Die Zitronen waschen und in Scheiben schneiden. Die Kräuter und Zitronenscheiben in die Bauchhöhlen der Makrelen stecken und mit Spießen verschließen. Die Haut der Fische mit einem Messer kreuzweise einritzen und die Makrelen in Fisch-Grillkörbe legen. Auf dem heißen Grill von jeder Seite 10 bis 12 Minuten grillen.

Inzwischen den Rucola putzen, waschen und trocken schütteln. Die Frühlingszwiebeln putzen, waschen und in dünne Ringe schneiden. Mit Essig, Öl, Salz und Pfeffer mischen und über den Rucola geben. Den Salat auf Tellern anrichten und die gegrillten Makrelen darauf servieren. Dazu gegrilltes Ciabatta reichen.

Für 4 Portionen
4 küchenfertige Makrelen
2 El Olivenöl
Salz, Pfeffer
1 Bund Petersilie
1/2 Bund frischer Dill
2 unbehandelte Zitronen
300 g Rucola
2 Frühlingszwiebeln
2 El Sherryessig
2 El Rapsöl

Zubereitungszeit: ca. 20 Minuten (plus Grillzeit)
Pro Portion ca. 378 kcal/1586 kJ
31 g E · 24 g F · 8 g KH

Reissalat

300 g Langkornreis nach Packungs-
anweisung in Gemüsebrühe garen.
Abgießen und abkühlen lassen. Mit
einem Dressing aus 3 El Weißwein-
essig, 3 El Kräuteröl, Salz und Pfef-
fer mischen. Mit geviertelten Toma-
ten und gehackter Petersilie deko-
rieren.

Nudelsalat

300 g Spaghetti nach Packungsan-
weisung bissfest garen. Dann ab-
gießen und abkühlen lassen. Aus
3 El Sherryessig, 3 El Olivenöl und
1/2 Bund frisch gehacktem Basili-
kum ein Dressing bereiten und
über die Nudeln geben.

Für 4 Portionen
800 g Weißfischfilet (Rotbarsch, Seeteufel, Seehecht)
Salz, Pfeffer
3 El Zitronensaft
150 g kleine Champignons
150 g Brokkoliröschen
8 Kirschtomaten
6 El Olivenöl
1 Tl abgeriebene Schale von 1 unbehandelten Zitrone
3 El frisch gehackte gemischte Kräuter

Zubereitungszeit: ca. 20 Minuten (plus Grillzeit)
Pro Portion ca. 645 kcal/2709 kJ
71 g E · 12 g F · 59 g KH

Korsische Fischspieße mit Gemüse

Korsische Fischspieße mit Gemüse

Die Fischfilets waschen, trocken tupfen und in mundgerechte Stücke schneiden. In einer Schüssel mit Salz und Pfeffer würzen und mit dem Zitronensaft beträufeln. Die Champignons putzen, feucht abreiben. Die Brokkoliröschen waschen und in kochendem Wasser 2 Minuten blanchieren. Herausnehmen und abtropfen lassen. Die Tomaten waschen, trocken reiben und halbieren. Abwechselnd Fischstücke, Pilze, Brokkoli und Tomatenhälften auf Spieße stecken.

Das Öl mit der Zitronenschale und den Kräutern verrühren und die Fisch-Gemüse-Spieße damit einstreichen. Auf dem heißen Grill etwa 8 Minuten grillen, dabei mehrmals wenden und immer wieder mit dem Kräuteröl bestreichen.

Gegrillte Sardinen auf andalusische Art

Für 4 Portionen
1 kg küchenfertige Sardinen
200 ml Olivenöl
Saft von 1 Zitrone
4 cl spanischer Brandy
je 1 El frisch gehackter Thymian, Oregano, Rosmarin
Salz, Pfeffer
100 ml Chilisauce
1 Tl geröstete und gehackte Pinienkerne

Zubereitungszeit: ca. 15 Minuten (plus Marinier- und Grillzeit)
Pro Portion ca. 830 kcal/3486 kJ
51 g E · 63 g F · 11 g KH

Gegrillte Sardinen auf andalusische Art

Die Sardinen waschen, trocken tupfen und in eine Schüssel geben. Das Öl bis auf 1 El mit dem Zitronensaft, dem Brandy, den Kräutern, Salz und Pfeffer verrühren und die Sardinen damit übergießen. Abgedeckt im Kühlschrank etwa 2 Stunden durchziehen lassen.

Alu-Grillschalen mit dem restlichen Öl einfetten und die Sardinen hineinlegen. Auf dem heißen Grill etwa 7 bis 8 Minuten goldbraun grillen. Während des Grillens immer wieder mit der Marinade bestreichen. Die Chilisauce mit den Pinienkernen mischen und zu den Sardinen reichen. Mit einem Tomatensalat servieren.

Knoblauchkartoffeln

3 große Kartoffeln gut waschen und in 1/2 cm dicke Scheiben schneiden. Mit 3 El Olivenöl einstreichen, mit Knoblauchscheiben belegen und auf dem heißen Grill 20 Minuten grillen. Salzen und pfeffern.

Kräuterkartoffeln

3 große Kartoffeln gut waschen und in 1/2 cm dicke Scheiben schneiden. Mit 3 El Kräuterbutter bestreichen und auf dem heißen Grill 20 Minuten grillen. Mit Salz und Pfeffer würzen.

Pfefferkartoffeln

Kartoffelscheiben mit 1 El grob zerstoßenen schwarzen und roten Pfefferkörnern bestreuen und grillen. Mit Salz würzen.

Seebarsch mit Salsa fresca

Für die Salsa die Tomaten mit kochendem Wasser übergießen, von Haut, Stielansatz und Kernen befreien und das Fruchtfleisch fein hacken. Schalotte und Knoblauchzehen schälen und hacken. Die Chilischote putzen, waschen, entkernen und fein hacken. Die Zutaten mit Zitronensaft, 2 El Rapsöl, Salz, Pfeffer und dem Koriander gut verrühren und etwa 20 Minuten ziehen lassen.

Die Fischfilets waschen, trocken tupfen und mit dem restlichen Öl einstreichen. Mit Salz und Pfeffer würzen. Auf dem heißen Grill von jeder Seite etwa 4 Minuten grillen. Die Filets vom Grill nehmen und mit der Salsa fresca garniert auf Tellern anrichten.

Seebarsch mit Salsa fresca

Für 4 Portionen
3 große Fleischtomaten
1 Schalotte
2 Knoblauchzehen
1 rote Chilischote
Saft von 1 Zitrone
4 El Rapsöl
Salz, Pfeffer
3 El frisch gehackter Koriander
4 Seebarschfilets

Zubereitungszeit: ca. 20 Minuten
(plus Zeit zum Durchziehen und Grillzeit)
Pro Portion ca. 185 kcal/776 kJ
29 g E · 6 g F · 3 g KH

Chilischoten gehören zu den Gewürzpaprika, von denen es mehr als 15 verschiedene Sorten gibt – vor allem in warmen Ländern. Einige Sorten wie Jalapeno, Serrano und Poblano sind auch in reifem Zustand grün. Andere sind gelbbraun, violett oder rot. Manche Chilischoten sind so scharf, dass sie einem schon beim Aufschneiden die Tränen in die Augen treiben. Beim Verarbeiten von Chili sollte man daher stets Handschuhe tragen, denn die Schärfe reizt auch die Haut und führt zu tagelangem Brennen.

Pangasius mit Honig-Zitrus-Glasur

Pangasius mit Honig-Zitrus-Glasur

Den Honig mit den Zitrusschalen, den Zitrussäften, dem Oregano und etwa 1/2 Tl Salz in einer Schüssel verrühren. Mit Pfeffer abschmecken. Etwa 20 Minuten durchziehen lassen.

Die Fischfilets waschen, trocken tupfen und mit dem Öl einstreichen. Mit Salz und Pfeffer würzen und auf dem heißen Grill von jeder Seite etwa 4 Minuten grillen. Dabei mit der Honig-Zitrus-Glasur bestreichen. Die Filets vom Grill nehmen und mit einem Orangen-Blattsalat servieren. Dazu schmecken gegrillte Kartoffelspalten.

Für 4 Portionen
75 ml Orangenblütenhonig
1 Tl abgeriebene Schale von 1 unbehandelten Orange
1 Tl abgeriebene Schale von 1 unbehandelten Zitrone
2 El frischer Orangensaft
2 El frischer Zitronensaft
1 1/2 El frisch gehackter Oregano
Salz, Pfeffer
4 Pangasiusfilets
2 El Rapsöl

Zubereitungszeit: ca. 15 Minuten
(plus Zeit zum Durchziehen und Grillzeit)
Pro Portion ca. 223 kcal/939 kJ
27 g E · 4 g F · 19 g KH

2007 Birlocho Prado Rey, Rueda

Diese zarte Weißweincuveé aus den Rebsorten Verdejo und Viura zeigt sich blassgelb im Glas und in der Nase hinterlässt der Wein einen leichten, frischen Eindruck. Tropische Früchte, Zitrusaromen und eine elegante Säure machen ihn zu einem hervorragenden Essensbegleiter.

GEFÜLLTE LACHSFORELLEN MIT KRABBENFLEISCH

GEFÜLLTE MAKRELEN MIT LACHS UND HASELNÜSSEN

GEFÜLLTE LACHSFORELLEN MIT LACHSFLEISCH

GEFÜLLTE ROTBARBEN MIT KRABBEN-KRÄUTERCREME

GEFÜLLTE LACHSFORELLEN MIT TOMATEN-PAPRIKA-CREME

GEFÜLLTE FELCHEN MIT LACHS-KAPERN-CREME

Gefüllte Lachsforelle American Style

Für 4 Portionen
250 g Seelachsfilet*
4 küchenfertige Lachsforellen*
Salz, Pfeffer
Saft von 1 Zitrone*
150 g Sonnenblumenkerne*
2 Bund Dill*
2 Eigelb
6 El Crème fraîche*
2 El Walnussöl*

Zubereitungszeit: ca. 20 Minuten (plus Grillzeit)
Pro Portion ca. 558 kcal/2342 kJ
53 g E · 36 g F · 7 g KH

Gefüllte Lachsforelle American Style
Das Seelachsfilet waschen, trocken tupfen und etwas anfrieren lassen. Die Lachsforellen waschen, trocken tupfen, innen und außen mit Salz und Pfeffer würzen und mit Zitronensaft einreiben. Die Sonnenblumenkerne ohne Fett rösten und hacken. Den Dill waschen, trocken tupfen und hacken. Das Seelachsfilet ebenfalls hacken. Mit dem Dill, den Sonnenblumenkernen, dem Eigelb und der Crème fraîche verrühren und mit Salz und Pfeffer würzen.

Die Mischung in die Bauchhöhlen der Forellen geben und feststecken. Mit dem Öl bestreichen und auf dem heißen Grill von jeder Seite 10 bis 12 Minuten grillen. Die gefüllten Forellen mit Folienkartoffeln und Kräutersauce servieren.

* Die mit einem Sternchen versehenen Zutaten können ausgetauscht werden. Gewürze und Kräuter je nach Belieben.

Kartoffelspalten
Kartoffeln schälen, in Spalten schneiden und in 180 °C heißem Frittierfett knusprig frittieren. Gut abtropfen lassen.

Strohkartoffeln
Geschälte Kartoffeln in dünne Stifte schneiden und frittieren oder im Backofen knusprig backen.

Kartoffelchips
Geschälte Kartoffeln in dünne Scheiben hobeln und frittieren oder im Backofen mit Olivenöl beträufelt backen.

Lachs in Orangen-Soja-Marinade

Lachs in Orangen-Soja-Marinade
Den Orangensaft mit der –schale und dem Zucker in einen Topf geben, aufkochen und unter Rühren auf etwa ein Drittel einkochen. Die Misopaste einrühren und 1 Minute mitkochen. Den Topf vom Herd nehmen und die Sojasauce und den Reisweinessig einrühren. Abkühlen lassen.

Die Lachsfilets waschen, trocken tupfen und in einer Schale mit der Hälfte der Orangen-Soja-Marinade bestreichen. Etwa 15 Minuten bei Raumtemperatur durchziehen lassen.

Die Lachsfilets mit Salz und Pfeffer würzen und auf dem heißen Grill etwa 4 Minuten grillen. Wenden, mit der restlichen Marinade bestreichen und weitere 3 bis 4 Minuten grillen.

Die Frühlingszwiebeln putzen, waschen und in dünne Ringe schneiden. Die gegrillten Lachsfilets mit den Zwiebelringen garniert servieren. Dazu frisches Baguette reichen.

Für 4 Portionen
400 ml Orangensaft
Abgeriebene Schale von
1 unbehandelten Orange
2 El brauner Zucker
2 El Misopaste
1–2 El Sojasauce
1 El Reisweinessig
4 Lachsfilets à 180 g
Salz, Pfeffer
2 Frühlingszwiebeln

Zubereitungszeit: ca. 20 Minuten
(plus Marinier- und Grillzeit)
Pro Portion ca. 283 kcal/1187 kJ
30 g E · 10 g F · 17 g KH

Nasi Goreng

250 g Basmatireis garen, abkühlen lassen. Gehackte Zwiebel und Knoblauch in 2 El Erdnussöl andünsten. 2 geschälte und in Stifte geschnittene Möhren und 1 Lauchstange in feinen Streifen zugeben und 2 Minuten mitschmoren. 50 g klein geschnittene Shiitakepilze zugeben. Den Reis unterheben und alles mit Salz, Pfeffer und Sojasauce abschmecken.

Bami Goreng

250 g chinesische Nudeln garen und abkühlen lassen. 1 gehackte Zwiebel und Knoblauch sowie 1 El frisch geriebenen Ingwer in 2 El Öl andünsten. 1 geschälte und in Stifte geschnittene Möhre und 1 Lauchstange in feinen Streifen mitschmoren. Shiitakepilze zugeben. Nudeln zugeben und erhitzen. Mit Salz, Pfeffer, Sojasauce und Sambal Oelek abschmecken.

Für 4 Portionen
200 ml Rotweinessig
3 El brauner Zucker
3 El Rosinen
je 1 rote und gelbe Paprikaschote
1 El Kapern
4 El Olivenöl
2 El frisch gehackte Petersilie
Salz, Pfeffer
4 Thunfischsteaks

Zubereitungszeit: ca. 20 Minuten
(plus Zeit zum Durchziehen und Grillzeit)
Pro Portion ca. 435 kcal/1827 kJ
35 g E · 28 g F · 10 g KH

Thunfisch sizilianisch mit süß-saurem Relish

Thunfisch sizilianisch mit süß-saurem Relish

Für das Relish den Essig mit dem Zucker und den Rosinen in einem Topf unter Rühren aufkochen, bis der Zucker sich aufgelöst hat. Die Mischung auf die Hälfte einkochen.

Die Paprikaschoten putzen, waschen, entkernen und in dünne Streifen schneiden. Die Kapern abtropfen lassen. Paprika und Kapern mit der Rosinenmischung, 2 El Olivenöl und der Petersilie mischen. Mit Salz und Pfeffer würzen. 30 Minuten bei Raumtemperatur durchziehen lassen.

Die Thunfischsteaks in dünne Scheiben schneiden, mit dem restlichen Öl einstreichen und mit Salz und Pfeffer würzen. Auf dem heißen Grill etwa 2 Minuten pro Seite grillen. Die gegrillten Thunfischscheiben mit dem Relish anrichten.

Heilbuttsteaks mit Fruchtchutney

Für 4 Portionen
4 Heilbuttsteaks
1 El Zitronensaft
1 El Orangensaft
Salz, Pfeffer
1 Tl gemahlener Koriander
3 El Olivenöl
3 Frühlingszwiebeln
1 Mango
2 Blutorangen
Saft von 1 Zitrone
1 Spritzer Tabasco
Honig

Zubereitungszeit: ca. 20 Minuten
(plus Zeit zum Durchziehen, plus Grillzeit)
Pro Portion ca. 240 kcal/1008 kJ
31 g E · 7 g F · 13 g KH

Heilbuttsteaks mit Fruchtchutney

Die Heilbuttsteaks waschen, trocken tupfen und mit Zitronen- und Orangensaft beträufeln. Mit Salz, Pfeffer und Koriander würzen und im Kühlschrank etwa 15 Minuten durchziehen lassen. Mit dem Olivenöl bestreichen und auf dem heißen Grill von jeder Seite etwa 4 bis 5 Minuten grillen.

Für das Chutney die Frühlingszwiebeln putzen, waschen und in Ringe schneiden. Die Mango halbieren, das Fruchtfleisch vom Kern schneiden, die Mango schälen und würfeln. 1 Blutorange auspressen, die andere filetieren und würfeln. Die Mangowürfel mit dem Zitronen- und Orangensaft pürieren. Die Frühlingszwiebelringe und die Orangenwürfel zugeben und mit Tabasco und Honig abschmecken. Die Heilbuttsteaks mit dem Fruchtchutney servieren. Dazu schmeckt Reis.

Kurkumareis

Für 4 Portionen 250 g Langkornreis nach Packungsanweisung zubereiten. Dem Kochwasser 1 El Kurkumapulver zugeben. Den Reis körnig kochen und abgießen.

Basmatireis

Basmatireis ist Langkornreis, der aus Indien stammt. Er verströmt einen aromatischen Duft („Basmati“) und hat daher seinen Namen. Gute Basmatireiskörner sollten nach dem Kochen nicht aneinander kleben. Pro 100 g Reis werden 200 ml Wasser zum Kochen benötigt. Die Garzeit beträgt etwa 15 bis 10 Minuten.

Pandanreis

Basmatireis mit Pulver von Pandanusblättern mischen – das ergibt eine nussige Variante.

Schwertfischsteaks mit zwei Saucen

Die Schwertfischsteaks waschen, trocken tupfen und mit Salz und Pfeffer würzen. Mit 2 El Öl bestreichen und auf dem heißen Grill von beiden Seiten etwa 5 Minuten grillen.

Für die Saucen die Paprikaschoten putzen, waschen, entkernen und würfeln. Das restliche Öl in zwei Töpfen erhitzen und die Paprikawürfel darin getrennt andünsten. Jeweils 50 ml Fischfond, 2 cl Weinbrand und 250 ml Sahne angießen und etwas einkochen. Die Saucen pürieren und erneut etwas einkochen. Mit Salz und Pfeffer abschmecken, die roten Pfefferkörner unterheben. Die gegrillten Schwertfischsteaks auf Tellern anrichten, die Saucen dazugeben und mit einem Stäbchen Muster hineinziehen. Mit Petersilie garniert servieren.

Schwertfischsteaks mit zwei Saucen

Für 4 Portionen
4 Schwertfischsteaks
Salz, Pfeffer
4 El Olivenöl
je 1 rote und gelbe Paprikaschote
100 ml Fischfond
4 cl Weinbrand
500 ml Sahne
1 Tl rote Pfefferkörner
2 El glatte Petersilie

Zubereitungszeit: ca. 20 Minuten
(plus Koch- und Grillzeit)
Pro Portion ca. 628 kcal/2635 kJ
34 g E · 49 g F · 7 g KH

Gemüsepaprika gehört zur selben Familie wie Tomate, Kartoffel, Aubergine und Baumtomate. Der heute gebräuchliche Paprika stammt von einer Wildpflanze aus Lateinamerika ab. Unterschieden werden grüne, gelbe, orangefarbene und rote, violette, braune und schwarze Paprikaschoten. Die grünen werden vor der Reife geerntet. Weitere Reifegrade sind gelb und rot. Violette, braune und schwarze Schoten werden grün, wenn man sie länger reifen lässt. Paprika kann roh und gegart gegessen werden. Er enthält viel Vitamin C und A sowie Kalium.

Chili-Tintenfisch

Für 4 Portionen
150 ml Honig
1 El Dijonsenf
2 El Chilipulver
1 El Paprikapulver
Salz
6 Tintenfischtuben
2 El Rapsöl

Zubereitungszeit: ca. 20 Minuten (plus Grillzeit)
Pro Portion ca. 275 kcal/1155 kJ
29 g E · 4 g F · 29 g KH

Chili-Tintenfisch

Den Honig mit dem Senf, dem Chili- und Paprikapulver und 1/4 Tl Salz verrühren. Etwa 30 Minuten bei Raumtemperatur durchziehen lassen.

Die Tintenfischtuben waschen, trocken tupfen, in Stücke schneiden und mit Öl einstreichen. Anschließend salzen. Auf dem heißen Grill etwa 4 Minuten goldbraun grillen. Die obere Seite mit dem Chilihonig bestreichen, wenden und weitere 2 Minuten grillen. Die Tintenfischstücke auf Tellern anrichten und mit dem restlichen Chilihonig bestreichen. Dazu einen frischen Salat und Reis servieren.

TIPP

Statt der Tintenfischtuben können Sie auch festes Fischfleisch nehmen, zum Beispiel vom Schwert-, Thunfisch oder Stör.

SCHARF GEGRILLTER KABELJAU
MIT KNOBLAUCHCREME

SCHARF GEGRILLTER KABELJAU
MIT KRÄUTERSAUCE

SCHARF GEGRILLTER KABELJAU
MIT SAFRANDIP

SCHARF GEGRILLTER SEETEUFEL
MIT ZITRONENGRAS-KOKOS-DIP

SCHARF GEGRILLTER SEETEUFEL
MIT ERDNUSSDIP

SCHARF GEGRILLTER SEETEUFEL
MIT AVOCADODIP

Scharf gegrillter Kabeljau mit Korianderaioli

Für 4 Portionen
2 Schalotten
6 Knoblauchzehen
1 rote Chilischote
3 El Zitronensaft
Salz, Pfeffer
4 Kabeljaufilets*
2 Eigelb*
230 ml Olivenöl*
1 El Senf*
1 El frisch gehackter Koriander*

Zubereitungszeit: ca. 15 Minuten (plus Grillzeit)
Pro Portion ca. 613 kcal/2573 kJ
29 g E · 55 g F · 3 g KH

Tipp
Hierzu schmeckt knusprig gegrillte Focaccia. Einfach in Scheiben schneiden, mit etwas Öl beträufeln und auf den Grill legen.

Scharf gegrillter Kabeljau mit Korianderaioli
Die Schalotten und 2 Knoblauchzehen schälen und fein hacken. Die Chilischote putzen, waschen, entkernen und in dünne Ringe schneiden. Schalotten, Knoblauch, Chili und 2 El Zitronensaft verrühren und mit Salz und Pfeffer abschmecken.

Die Fischfilets waschen, trocken tupfen und mit der scharfen Sauce einstreichen. Auf den heißen Grill legen und von jeder Seite etwa 5 bis 6 Minuten grillen.

Für das Aioli Eigelb schaumig rühren, den restlichen Zitronensaft zugeben. Die übrigen Knoblauchzehen schälen und dazudrücken. In dünnem Strahl das Öl zugeben und cremig rühren. Mit Senf, Salz, Pfeffer und Koriander abschmecken. Das Aioli zum gegrillten Kabeljau servieren.

* Die mit einem Sternchen versehenen Zutaten können ausgetauscht werden. Gewürze und Kräuter je nach Belieben.

2007 Wiltingen Kupp
Riesling Kabinett feinherb
Weingut von Othegraven, Saar

Saarriesling mit Typizität der Extraklasse. Leuchtendes Goldgelb im Glas mit grünen Reflexen. Intensive Aromen von Ananas und Zitrusfrüchten. Erfrischende Säure, aber dennoch cremig am Gaumen.

Tintenfischspieße mit Cidresauce

Tintenfischspieße mit Cidresauce

Die Tintenfische waschen, trocken tupfen, mit Salz und Pfeffer würzen und mit Limettensaft und etwas Worcestersauce beträufeln. Etwa 15 Minuten bei Raumtemperatur durchziehen lassen. Anschließend auf Spieße stecken, mit etwas Mehl bestäuben und auf dem heißen Grill etwa 10 bis 15 Minuten grillen. Während des Grillens mit Olivenöl bestreichen.

Für die Sauce Schalotten und Knoblauchzehe schälen und hacken. Die Frühlingszwiebeln putzen, waschen und hacken. Die Butter in einem Topf erhitzen und Schalotten und Knoblauch darin glasig schmoren. Den Cidre und die Brühe angießen und auf die Hälfte einkochen lassen. Die Sahne hinzufügen und die Sauce cremig kochen. Mit Salz und Pfeffer abschmecken und die Kräuter einrühren.

Die Tintenfischspieße mit der Cidresauce servieren und mit Frühlingszwiebeln garnieren. Dazu frisches Brot reichen.

Für 4 Portionen
600 g kleine küchenfertige Tintenfischtuben
Salz, Pfeffer
Saft von 1 Limette
1 Spritzer Worcestersauce
Mehl
4 El Olivenöl
2 Schalotten
1 Knoblauchzehe
3 Frühlingszwiebeln
2 El Butter
250 ml Cidre
250 ml Gemüsebrühe
200 ml Sahne
je 1 Tl frisch gehackter Thymian, Estragon und Rosmarin

Zubereitungszeit: ca. 15 Minuten (plus Zeit zum Durchziehen und Koch- und Grillzeit)
Pro Portion ca. 423 kcal/1775 kJ
26 g E · 25 g F · 13 g KH

Radieschensalat

2 Bund geputzte Radieschen achteln und mit 1 halbierten und in dünne Ringe geschnittenen Zwiebel und 2 Frühlingszwiebeln mischen. Mit einem Dressing aus 2 El Weißweinessig und 3 El Sonnenblumenöl, Salz und Pfeffer mischen.

Bunter Möhrensalat

3 geschälte Karotten und 3 geschälte gelbe Möhren in dünne Stifte schneiden. 100 g geputzte grüne Bohnen und 2 in Ringe geschnittene Frühlingszwiebeln zugeben. Aus 3 El Sherryessig, 3 El Rapsöl, Salz, Pfeffer, 1 El frisch gehackter Petersilie und 1 Prise Zucker ein Dressing bereiten und mit dem Salat mischen.

Für 4 Portionen
350 g Räucherspeck
3 Frühlingszwiebeln
2 Schalotten
60 ml Olivenöl
50 ml Weißweinessig
2 Tl Zucker
2 Tl Dijonsenf
2 Tl frisch gehackter Thymian
Salz, Pfeffer
20 Jakobsmuscheln ohne Schale

Zubereitungszeit: ca. 15 Minuten
(plus Grillzeit)
Pro Portion ca. 378 kcal/1585 kJ
38 g E · 16 g F · 18 g KH

Jakobsmuscheln mit Specksauce

Jakobsmuscheln mit Specksauce
Den Speck in kleine Würfel schneiden. Die Frühlingszwiebeln putzen, waschen und in feine Ringe schneiden. Die Schalotten schälen und hacken. 1 El Öl in einer Pfanne erhitzen und den Speck darin knusprig ausbraten. Mit einer Schaumkelle aus der Pfanne nehmen und auf Küchenpapier abtropfen lassen. Anschließend die Hälfte des Specks mit den Frühlingszwiebeln mischen. Die Schalotten im Speckfett in der Pfanne glasig schmoren. Essig und Zucker zugeben und unter Rühren köcheln, bis der Zucker sich aufgelöst hat. Vom Herd nehmen, Senf und Thymian hinzufügen. Den restlichen Speck unterheben und mit Salz und Pfeffer abschmecken.

Die Jakobsmuscheln waschen, trocken tupfen und mit dem restlichen Öl einstreichen. Mit Salz und Pfeffer würzen. Die Muscheln auf dem heißen Grill etwa 3 Minuten grillen, wenden und weitere 3 Minuten grillen.

Auf Tellern anrichten, mit der Specksauce überziehen und mit dem Frühlingszwiebel Relish servieren.

Hummerschwanz mit Fra-Diavolo-Sauce

Für 4 Portionen
8 Hummerschwänze in der Schale
Salz
3 Gemüsetomaten
2 Knoblauchzehen
1/4 Tl Chiliflocken
2 Tl Honig
100 ml Olivenöl
2 Tl frisch gehackter Thymian
3 El frisch gehackte Petersilie
Pfeffer
100 ml Rapsöl

Zubereitungszeit: ca. 30 Minuten (plus Koch- und Grillzeit)
Pro Portion ca. 638 kcal/2678 kJ
39 g E · 52 g F · 6 g KH

Knoblauchbaguette

1 Baguette in Scheiben schneiden. 2 Knoblauchzehen schälen, fein hacken und mit 2 El Olivenöl verrühren. Die Baguettescheiben mit dem Knoblauchöl beträufeln. Auf dem heißen Grill knusprig rösten.

Hummerschwanz mit Fra-Diavolo-Sauce

In einem großen Topf reichlich Salzwasser zum Kochen bringen und die Hummerschwänze darin etwa 6 Minuten kochen. Aus dem Topf nehmen und abtropfen lassen.

Für die Sauce die Tomaten mit kochendem Wasser übergießen, Häute, Stielansätze und Kerne entfernen und das Fruchtfleisch hacken. Die Knoblauchzehen schälen und zu den Tomaten drücken. Beides mit den Chiliflocken und dem Honig in den Mixer geben und verrühren. Das Olivenöl zugeben und cremig rühren. Die Kräuter zugeben und mit Salz und Pfeffer abschmecken.

Die Hummerschwänze längs aufschneiden. Das Hummerfleisch mit dem Rapsöl einstreichen und mit Salz und Pfeffer würzen. Mit der Fleischseite nach unten auf den heißen Grill legen und etwa 3 Minuten mit der Schalenseite grillen. Wenden und weitere 3 Minuten grillen, bis das Fleisch gar ist. Die Fra-Diavolo-Sauce über die Hummerschwänze geben und servieren.

2006 Chardonnay Carneros Cuvaison, Napa Valley

Ein Barrique-Chardonnay aus Übersee wie man ihn sich wünscht! Kräftiges Gelb. In der Nase entfaltet er seine sehr würzige Note. Er erinnert an exotische Früchte und Vanille. Das gut eingebundene Holz macht ihn opulent. Er bleibt lang am Gaumen.

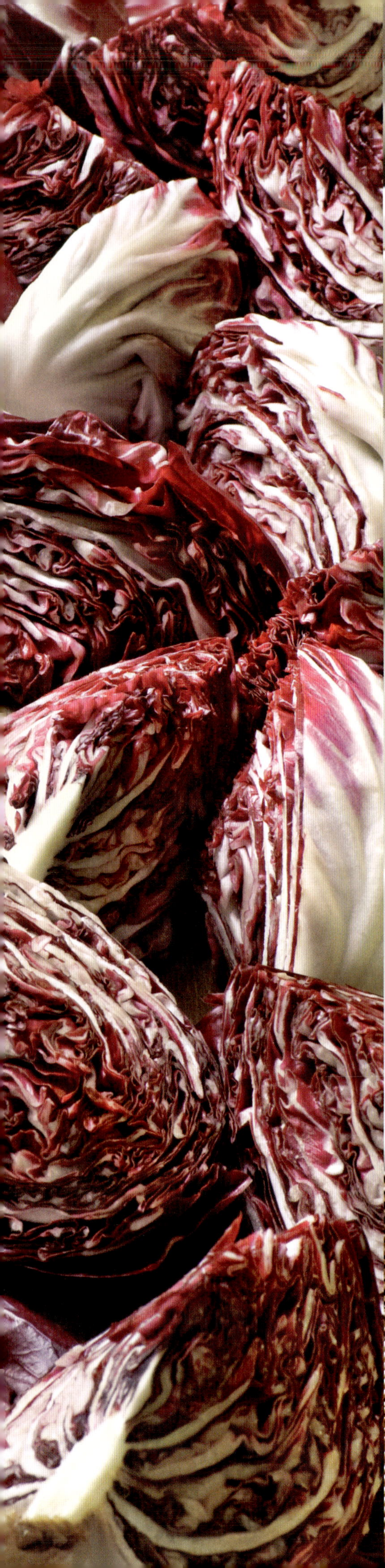

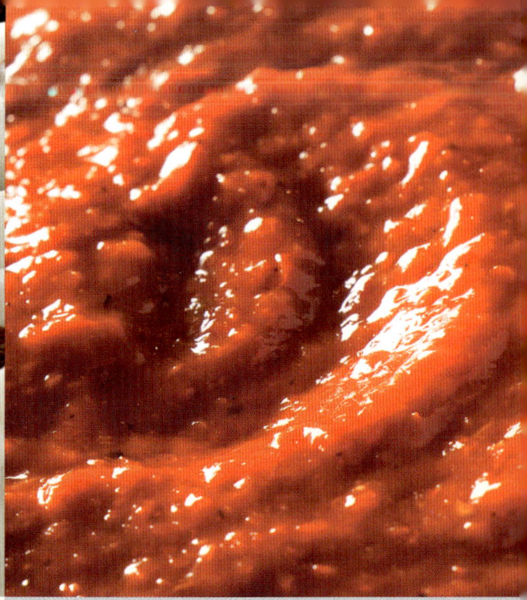

Indonesische

Indonesischer Hummercocktail mit Kokosnusssauce

Die Kokosmilch mit der Chilisauce, dem Limettensaft und dem Honig verrühren und mit Salz und Pfeffer abschmecken. Bei Raumtemperatur etwa 15 Minuten durchziehen lassen. Die gekochten Hummer aufschneiden, nicht zerschneiden, mit Sesamsöl bestreichen, salzen und pfeffern und auf dem heißen Grill etwa 5 bis 6 Minuten grillen (aufgeschnittene Seite nach unten). Etwas abkühlen lassen. Das Hummerfleisch aus Schale und Scheren lösen und in kleine Würfel schneiden.

Die Mango halbieren, schälen, das Fruchtfleisch vom Stein schneiden und würfeln. Die Salatblätter waschen, trocken schütteln und in dünne Streifen schneiden. Das Hummerfleisch mit den Mangowürfeln, dem Koriander und den Salatstreifen mischen und auf 4 Cocktailschalen verteilen. Die Kokosnusssauce darübergeben und mit geröstetem Brot servieren.

ummercocktail mit Kokosnusssauce

Für 4 Portionen
400 ml Kokosmilch
3 El scharfe Chilisauce
Saft von 2 Limetten
2 El Honig
Salz, Pfeffer
2 gekochte Hummer (à 800 – 1000 g)
50 ml Sesamöl
1 Mango
4 Bataviablätter
4 Radicchioblätter
1/2 Bund frisch gehackter Koriander

Zubereitungszeit: ca. 20 Minuten (plus Grillzeit)
Pro Portion ca. 538 kcal/2258 kJ
78 g E · 17 g F · 17 g KH

Mangos stammen wahrscheinlich ursprünglich aus Indien – der Baum gedeiht nur in tropischem Klima. Die Früchte, die mit Pistazie und Cashew verwandt sind, haben eine dünne, grüngelbe oder rote Schale und ein süßes, sehr saftiges Fruchtfleisch, das aber fest am flachen Kern haftet. Es muss davon abgeschnitten werden. Mangos enthalten sehr viel Vitamin A und C und Kalium.

Gegrillte Shrimps mit Tomatillodip

Gegrillte Shrimps mit Tomatillodip

Die Tomatillos und Chilischoten waschen und trocken tupfen. Die Zwiebel schälen und in Ringe schneiden. Tomatillos, Chilis und Zwiebeln mit 2 El Öl einstreichen und mit Salz und Pfeffer würzen und auf den heißen Grill legen. Die Tomatillos etwa 10 bis 12 Minuten, die Zwiebeln und Chilis etwa 10 Minuten grillen, bis sie leicht gebräunt sind. Anschließend alle drei Zutaten in den Mixer geben und pürieren. Durch ein Sieb streichen. Die Knoblauchzehen schälen und dazudrücken. Den Ingwer schälen und fein reiben. Den Koriander waschen, trocken schütteln und hacken. Den Spinat putzen, waschen, gut abtropfen lassen und ebenfalls hacken. Diese Zutaten mit dem Essig und Honig zum Tomatillopüree geben und mit Salz und Pfeffer abschmecken.

Die Shrimps waschen, trocken tupfen und den Darm entfernen. Mit dem restlichen Öl einstreichen und auf dem heißen Grill etwa 1 bis 2 Minuten von jeder Seite grillen. Auf Tellern anrichten und mit dem Tomatillodip servieren.

Für 4 Portionen
10 Tomatillos
2 grüne Chilischoten
1 rote Zwiebel
4 El Sonnenblumenöl
Salz, Pfeffer
4 Knoblauchzehen
4 cm frische Ingwerwurzel
1/2 Bund Koriander
150 g Spinatblätter
3 El Sherryessig
1 El Honig
500 g rohe Shrimps
(ca. 30 Stück)

Zubereitungszeit: ca. 20 Minuten
(plus Grillzeit)
Pro Portion ca. 216 kcal/905 kJ
28 g E · 8 g F · 7 g KH

JAKOBSMUSCHELN MIT KORIANDERPESTO

JAKOBSMUSCHELN MIT CHILI-TOMATENPÜREE

TINTENFISCH MIT MANGO-CHUTNEY

Jakobsmuschel

TINTENFISCH MIT GUACAMOLE

KING PRAWNS MIT LIMETTEN-PFEFFER-DIP

KING PRAWNS MIT AIOLI

nexikanisch mit Guacamole und Tortillachips

Für 4 Portionen
2 Avocados
2 Schalotten
Saft von 2 Limetten
75 ml Olivenöl
1/2 Bund Petersilie
Salz, Pfeffer
1/2 El Cayennepfeffer
20 Jakobsmuscheln ohne Schale
20 Tortillachips
1 rote Chilischote

Zubereitungszeit: ca. 20 Minuten (plus Grillzeit)
Pro Portion ca. 715 kcal/3003 kJ
26 g E · 57 g F · 25 g KH

Jakobsmuscheln mexikanisch mit Guacamole und Tortillachips
Die Avocados halbieren, schälen, den Kern entfernen und das Fruchtfleisch würfeln. Die Schalotten schälen und hacken. Die Avocados mit den Schalotten, dem Limettensaft und 2 El Olivenöl mischen. Die Petersilie waschen, trocken tupfen und fein hacken. Alle Zutaten im Mixer fein pürieren und mit Salz, Pfeffer und Cayennepfeffer abschmecken.

Die Jakobsmuscheln waschen, trocken tupfen und mit dem restlichen Öl einstreichen. Mit Salz und Pfeffer würzen. Die Muscheln auf dem heißen Grill etwa 3 Minuten grillen, wenden und weitere 3 Minuten grillen.

Die Jakobsmuscheln mit der Guacamole auf den Tortillachips anrichten. Die Chilischote putzen, waschen, entkernen und fein hacken. Die Muscheln damit garnieren.

* Die mit einem Sternchen versehenen Zutaten können ausgetauscht werden. Gewürze und Kräuter je nach Belieben.

Bugles
Zum Dippen der Guacamole passen Tortilla-Käse-Chips.

Weizentortillas
Weizentortillas sind die kalorienbewusste Variante zum Dippen.

Nachos
Tortillachips mit pikanten Gewürzen schmecken ebenfalls zur Guacamole.

Gambas mit Chili-Knoblauch-Mayonnaise

Gambas mit Chili-Knoblauch-Mayonnaise

Die Mayonnaise mit dem Koriander, Essig, 2 El Olivenöl, Zitronensaft und dem Senf verrühren. Die Knoblauchzehen schälen und fein hacken. Mit dem Chilipulver unter die Mayonnaise heben und mit Salz und Pfeffer würzen. Den Dip im Kühlschrank etwa 30 Minuten durchziehen lassen.

Die gekochten Gambas aufschneiden, aber nicht zerschneiden. Mit dem restlichen Olivenöl einstreichen und mit Salz und Pfeffer würzen. Die Gambas mit der aufgeschnittenen Seite nach unten auf den heißen Grill legen und 5 bis 6 Minuten grillen. Etwas abkühlen lassen, dann das Fleisch herauslösen und klein schneiden.

Den Salat putzen, die Blätter waschen und trocken schütteln. Auf Tellern verteilen und etwas von der Chili-Knoblauch-Mayonnaise darüber geben. Das Gambafleisch darauflegen und mit der restlichen Mayonnaise überziehen. Mit gehacktem Dill bestreut servieren.

Für 4 Portionen
150 g Mayonnaise
2 El frisch gehackter Koriander
1 El Rotweinessig
5 El Olivenöl
2 El Zitronensaft
2 El Senf
2 Knoblauchzehen
2 El Chilipulver
Salz, Pfeffer
2 gekochte Gambas
1 Kopf Romanasalat
3 El frisch gehackter Dill

Zubereitungszeit: ca. 20 Minuten (plus Grillzeit)
Pro Portion ca. 398 kcal/1670 kJ
12 g E · 38 g F · 3 g KH

Cocktailsauce

Nach dem Rezept auf Seite 161 eine Mayonnaise herstellen. Die Mayonnaise mit 2 El Tomatenmark, 1 El Cognak und einigen Spritzern Worcestersauce verfeinern.

Dillsauce

Nach dem Rezept auf Seite 161 eine Mayonnaise herstellen. Die Mayonnaise mit 1/2 Bund frisch gehacktem Dill und etwas Zitronensaft verfeinern.

Für 4 Portionen
12 rohe Riesengarnelen
2 El Zitronensaft
2 Maiskolben
Salz
1 Zucchini
1 rote Paprikaschote
8 Champignons
Pfeffer
2 El Olivenöl

Zubereitungszeit: ca. 15 Minuten (plus Koch- und Grillzeit)
Pro Portion ca. 323 kcal/1355 kJ
46 g E · 7 g F · 17 g KH

Scampi-Gemüse-Spieße

Scampi-Gemüse-Spieße
Die Riesengarnelen schälen, vom Darm befreien, waschen und trocken tupfen. Mit Zitronensaft beträufeln. Die Maiskolben putzen und in kochendem Salzwasser etwa 10 Minuten garen. Herausnehmen und abtropfen lassen. Dann in 2 bis 3 cm dicke Scheiben schneiden.

Die Zucchini und die Paprikaschote putzen, waschen, die Zucchini in Scheiben schneiden, die Paprikaschote entkernen und in Stücke schneiden. Die Pilze putzen und feucht abreiben. Die Stiele kürzen.

Die Garnelen abwechselnd mit Mais, Zucchini, Paprika und Pilzen auf Spieße stecken und mit Salz und Pfeffer würzen. Mit dem Olivenöl bestreichen und auf dem heißen Grill etwa 15 Minuten grillen.

Mais gehört weltweit zu den wichtigsten Nahrungsmitteln. Zuckermais wird (im Gegensatz zu Futtermais) hauptsächlich für den Menschen angebaut. Maiskolben werden gekocht, gegrillt, die Körner als Gemüse und in Salaten gegessen. Aus Maismehl werden Backwaren hergestellt. Mais enthält wertvolle Fettsäuren und viele Mineralstoffe und Vitamine.

Gambas mit Limetten-Basilikum-Dip

Für 4 Portionen
1 Bund Basilikum
1 unbehandelte Limette
2 Anchovisfilets
150 g Mayonnaise
Salz, Pfeffer
500 g rohe Gambas ohne Schale (ca. 30 Stück)
2 El Erdnussöl

Zubereitungszeit: ca. 20 Minuten (plus Grillzeit)
Pro Portion ca. 345 kcal/1449 kJ
6 g E · 38 g F · 2 g KH

Gambas mit Limetten-Basilikum-Dip

Das Basilikum waschen, trocken tupfen und fein hacken. Die Limette heiß abwaschen und trocknen. Die Schale abreiben und die Frucht auspressen. Basilikum, Limettenschale und -saft, Anchovis und Mayonnaise im Mixer pürieren und cremig rühren. Mit Salz und Pfeffer abschmecken.

Die Gambas vom Darm befreien, waschen und trocken tupfen. Mit dem Öl einstreichen und mit Salz und Pfeffer würzen. Auf dem heißen Grill von jeder Seite etwa 2 Minuten grillen. Auf Tellern anrichten und mit dem Limetten-Basilikum-Dip und frischem Baguette servieren.

Mangosalat

2 Mango halbieren, das Fruchtfleisch in dünnen Spalten vom Stein schneiden. In einer Schüssel mit 1/2 Bund Frühlingszwiebeln und 1 geputzten und entkernten roten Chilischote mischen. Aus 3 El Reisessig, 2 El Erdnussöl, 1 Tl fein gehacktem Koriander und 1/2 Tl braunem Zucker ein Dressing bereiten und über den Salat geben.

Papayasalat

Den Salat wie den Mangosalat zubereiten. Statt der Mangos 1 große Papaya schälen, halbieren und die Kerne mit einem Löffel herauslösen. Das Fruchtfleisch in dünne Spalten schneiden.

Orangensalat

Den Salat wie den Mangosalat zubereiten. Die Mangos durch 4 Orangen ersetzen, die geschält, in Spalten geschnitten und filetiert werden.

Seebarsch mit Champignon-Weinsauce
Die Möhren und Schalotten schälen, die Möhren reiben, die Schalotten hacken. Den Weißwein mit dem Cognac, Möhren und Schalotten, 3 Lorbeerblättern, 1 Thymianzweig, Salz und Pfeffer in einem Topf aufkochen und etwa 10 Minuten köcheln.

Die Seebarschfilets waschen, trocken tupfen und mit Öl einstreichen, mit Salz und Pfeffer würzen und mit je 1 Lorbeerblatt und 1 Thymianzweig auf dem heißen Grill etwa 15 Minuten garen.

Die Champignons putzen, feucht abreiben, mit Zitronensaft beträufeln. Die Butter erhitzen, die Pilze darin andünsten und köcheln, bis alle Flüssigkeit verkocht ist. Die Petersilie zugeben und die Weinsauce einrühren. Thymian und Lorbeer entfernen. Die Speisestärke in 2 El Sahne glatt rühren und die Sauce damit binden. Mit Salz und Pfeffer abschmecken. Die Sauce zu den Fischfilets servieren.

Seebarsch mit Champignon-Weinsauce

Für 4 Portionen
2 Möhren
1 Schalotte
100 ml trockener Weißwein
20 ml Cognac
7 Lorbeerblätter
5 Thymianzweige
Salz, Pfeffer
4 Seebarschfilets
2 El Öl
150 g Champignons
Saft von 1 Zitrone
50 g Butter
1 El frisch gehackte Petersilie
1 El Speisestärke
2 El Sahne

Zubereitungszeit: ca. 30 Minuten
(plus Koch- und Grillzeit)
Pro Portion ca. 325 kcal/1365 kJ
32 g E · 17 g F · 5 g KH

Thymian wird wegen seines würzigen Duftes und seiner heilenden Wirkung schon seit der Antike geschätzt. Man erhoffte sich von ihm Mut und Kraft. In der Küche wird er für mediterrane Gerichte mit Gemüse, Fleisch und Fisch verwendet. Er wirkt krampf- und schleimlösend, entwässernd und beugt Blähungen vor.

Räucherforelle in der Folie mit Fenchel und Zitrone

Räucherforelle in der Folie mit Fenchel und Zitrone

Die Forellenfilets auf 4 ausreichend große, gefettete Stücke Alufolie legen. Die Zitrone heiß waschen und in Scheiben schneiden. Den Fenchel putzen, waschen, die harten Außenblätter entfernen und den Fenchel halbieren. In kochendem Wasser etwa 3 Minuten blanchieren, dann herausnehmen, abtropfen lassen und in dünne Scheiben schneiden. Zitronen- und Fenchelscheiben auf den Fischfilets verteilen und mit dem Sherry beträufeln. Mit Salz und roten Pfefferkörnern würzen.

Die Alufolie schließen und die Fischpäckchen auf dem heißen Grill etwa 7 Minuten erhitzen. Mit Baguette und Sahnemeerrettich servieren.

Für 4 Portionen
8 geräucherte Forellenfilets ohne Haut
Fett für die Folie
1 unbehandelte Zitrone
300 g Fenchel
4 El trockener Sherry
Salz
1 Tl rote Pfefferkörner

Zubereitungszeit: ca. 20 Minuten (plus Koch- und Grillzeit)
Pro Portion ca. 225 kcal/945 kJ
35 g E · 6 g F · 5 g KH

Tipp

Die Räucherforelle können Sie durch eine geräucherte Makrele ersetzen. Sie ist zwar fetter als die Forelle, doch es sind „gesunde" ungesättigte Fettsäuren.

AAL MIT KERBEL UND SENF

AAL MIT ESTRAGON-SENF

WELS MIT PREISELBEER-CRÈME FRAÎCHE

WELS MIT OLIVENCREME

DORSCH MIT ZWIEBELCREME

DORSCH MIT KRÄUTERSENF-CRÈME-FRAÎCHE

Dorsch mit Senf-Dill-Sauce

Für 4 Portionen
4 El frisch gehackter Dill*
6 El Senf*
4 El Honig*
2 El Zitronensaft*
4 Dorschfilets*
2 El Butter
Salz, Pfeffer

Zubereitungszeit: ca. 20 Minuten (plus Grillzeit)
Pro Portion ca. 218 kcal/918 kJ
38 g E · 6 g F · 7 g KH

Dorsch mit Senf-Dill-Sauce
Den Dill mit Senf, Honig und Zitronensaft verrühren. Die Filets waschen und trockentupfen.

Die Butter zerlassen und über die Filets träufeln. Auf dem heißen Grill in einer Grillpfanne 6 Minuten grillen, wenden und von der anderen Seite mit der Butter bestreichen und weitere 5 Minuten grillen.

Vom Grill nehmen und mit Salz und Pfeffer würzen. Mit der Senf-Dill-Sauce servieren. Dazu schmeken Salzkartoffeln und Salat.

* Die mit einem Sternchen versehenen Zutaten können ausgetauscht werden. Gewürze und Kräuter je nach Belieben.

Bunter Kartoffelsalat

Aus 500 g gekochten Kartoffeln einen Salat zubereiten und mit 1/4 Bund in dünne Streifen geschnittenen Frühlingszwiebeln und 100 g gebratenem Bauchspeck in dünnen Streifen verfeinern.

Bunter Reissalat

Aus 250 g gekochtem Langkornreis einen Reissalat zubereiten und mit frisch gehackten Kräutern mischen. Aus Weißweinessig und Olivenöl ein Dressing bereiten.

Bunter Nudelsalat

250 g Schmetterlingsnudeln bissfest garen und mit je 1/2 in dünne Streifen geschnittenen gelben, roten und grünen Paprikaschote mischen. Aus Essig, Öl und saurer Sahne ein Dressing bereiten und mit dem Salat mischen.

Griechische Sardinen in Weinblättern

Griechische Sardinen in Weinblättern
Die Sardinen waschen, trocken tupfen. Innen und außen mit Salz und Pfeffer einreiben und mit Zitronensaft beträufeln. Die Knoblauchzehen schälen und halbieren. Jeweils 1 Knoblauchzehe in die Bauchhöhlen der Fische stecken.

Für 4 Portionen
12 frische küchenfertige Sardinen mit Kopf
Salz, Pfeffer
2 El Zitronensaft
12 Knoblauchzehen
12 eingelegte Weinblätter
12 Scheiben dünnen Frühstücksspeck
3 El Olivenöl

Zubereitungszeit: ca. 20 Minuten (plus Grillzeit)
Pro Portion ca. 300 kcal/1260 kJ
36 g E · 13 g F · 9 g KH

Die Weinblätter abspülen und trocken tupfen. Jeden Fisch zuerst mit einer Scheibe Frühstücksspeck, dann mit einem Weinblatt umwickeln. Beides mit Holzstäbchen feststecken. Die Fische mit dem Öl einstreichen und auf dem heißen Grill oder in einer Alugrillschale von jeder Seite etwa 5 bis 7 Minuten grillen. Mit Zaziki und Fladenbrot servieren.

Zaziki

1 Schlangengurke schälen, raspeln und mit 1 Tl Salz 15 Minuten ziehen lassen. Den Saft abgießen. Gurke mit 500 g Joghurt, 3 geschälten und gehackten Knoblauchzehen, 1 El Weißweinessig, 2 El Olivenöl und mischen. Mit Salz abschmecken.

Fetadip mit Oliven

400 g Feta mit einer Gabel zerdrücken und mit 200 g Joghurt und 50 g entsteinten und in Scheiben geschnittenen Oliven mischen. Mit 1 El Limettensaft, Salz und Pfeffer abschmecken.

Mit Obst

Für eine Grillparty mit Freunden soll es schon etwas Besonderes sein. Unser Tipp – gegrilltes Obst.

Grillpartys gehören im Sommer zu den schönsten Arten des Zusammenseins mit Freunden und Familie. Man genießt das Wetter, die Natur und das ungezwungene Miteinander ohne Kleiderordnung oder starre Benimmregeln. Als Gastgeber haben Sie jedoch einiges vorher zu erledigen. Kein Problem – hier ein kleiner Organisationsplan:

14 Tage vorher die Einladungen aussprechen, um Antwort bitten

8 bis 5 Tage vorher die Speisen und Getränkeauswahl festlegen, am besten Einkaufslisten schreiben und Aufgaben verteilen

2 Tage vorher werden Fackeln, Tischdekoration, Tisch und Stühle besorgt, auch schon Getränke

1 Tag vorher bzw. am Morgen der Party frische Lebensmittel einkaufen, bestellte abholen

Etwa 2 Stunden vorher Tisch decken, alles bereit stellen

Mit Obst

Ob als Dessert zum Schluss der Party oder als Zutat zu gemischten Spießen mit Fleisch oder Fisch – frisch gegrilltes Obst ist ein Genuss.

Die Verbindung von herzhaft und süß, süß und sauer oder süß und scharf ist vor allem in der asiatischen Küche beliebt. Tropische Früchte wie Mango, Papaya und Banane oder Ananas, Feigen und Litschi entfalten auf dem Grill ihr Aroma noch intensiver. Zu Fleisch, Geflügel, Fisch und Meeresfrüchten bilden sie eine gelungene Ergänzung, vor allem wenn noch ausgesuchte Öle, Gewürze und Kräuter dazukommen. Als Beilage werden Reis, Dips und ausgefallene Saucen angeboten. Feigen-Lammspieße mit Kichererbsendip oder tropische Grillspieße mit Roastbeef sind hierzu besonders zu empfehlen.

Auch Apfel, Birne & Co. machen auf dem Grill eine schmackhafte Figur. Sowohl mit den Apfel-Hack-Spießen wie bei den Birnen mit pikanter Käsecreme lässt sich das ausprobieren.

Und im Dessertbereich bieten wir Rezepte wie gegrillte Aprikosen mit griechischem Joghurt, Ananas vom Grill mit Rum-Karamell und die beliebten Bananen – hier allerdings nicht mit Honigsauce, sondern mit Kokos und Orange oder Zimt-Sirup. Bratäpfel vom Grill, auch das geht und schmeckt einzigartig, genauso wie die flambierten Orangen. Was sich zum gegrillten Obst als Beilage eignet, von Eis bis Crème brulée, auch dazu finden Sie gleich die entsprechenden Rezepte. Wir wünschen eine schöne Grillparty.

FEIGEN-LAMMSPIESSE
MIT MINZ-JOGHURT

FEIGEN-LAMMSPIESSE
MIT KRÄUTERDIP

APRIKOSEN-RINDSWURST-SPIESSE
MIT FEIGEN-SAUCE

PFLAUMEN-BRATWURST-SPIESSE
MIT ESTRAGON-SENF-DIP

APFEL-BIRNEN-CHORIZO-SPIESSE
MIT ROTER-PFEFFER-SAUCE

DATTEL-LAMMSPIESSE
MIT SCHIMMELKÄSEDIP

Feigen-Lammspieße mit Kichererbsendip

Für 4 Portionen
4 Feigen*
4 Lammbratwürste*
8 Lorbeerblätter*
5 El Olivenöl*
200 g Kichererbsen aus der Dose*
2 Knoblauchzehen*
4 Frühlingszwiebeln*
4 El Crème fraîche*
1 getrocknete rote Chilischote*
2 El frisch gehackter Koriander*
2 El Zitronensaft*
Salz, Pfeffer
Kreuzkümmel*

Zubereitungszeit: ca. 20 Minuten (plus Grillzeit)
Pro Portion ca. 648 kcal/2719 kJ
28 g E · 53 g F · 14 g KH

Feigen-Lammspieße mit Kichererbsendip
Die Feigen waschen, trocken tupfen und vierteln. Die Lammbratwürste in 4 cm große Stücke schneiden. Feigen, Würstchen und Lorbeerblätter auf Spieße stecken. Mit 2 El Olivenöl einstreichen und auf dem heißen Grill etwa 5 Minuten pro Seite grillen.

Für den Dip die Kichererbsen abtropfen lassen. Die Knoblauchzehen schälen und hacken. Die Frühlingszwiebeln putzen, waschen und fein würfeln. Kichererbsen mit Knoblauch und Frühlingzwiebeln im Mixer pürieren. Anschließend mit dem restlichen Olivenöl, der Crème fraîche, der zerkrümelten Chilischote und Koriander mischen. Mit Zitronensaft, Salz, Pfeffer und Kreuzkümmel pikant abschmecken. Den Dip zu den Feigen-Lammspießen servieren.

* Die mit einem Sternchen versehenen Zutaten können ausgetauscht werden. Gewürze und Kräuter je nach Belieben.

Olivenreis

250 g Langkornreis nach Packungsanweisung körnig garen. Nach Ende der Garzeit je 50 g grüne und schwarze Oliven ohne Stein und in Scheiben geschnitten unterheben. Mit Kräutersalz und Pfeffer würzen.

Flambierte Orangen vom Grill

Flambierte Orangen vom Grill

Die Orangen schälen und halbieren. Mit dem Rapsöl einstreichen und auf dem heißen Grill mit der Schnittfläche nach unten etwa 3 Minuten grillen. Die Orangen vom Grill nehmen und auf eine feuerfeste Platte setzen. Den Cognac darübergießen und anzünden. Die Orangen als Beilage zu Geflügel und Wild oder mit Eis als Nachtisch servieren.

Für 4 Portionen
4 Orangen
2 El Rapsöl
4 cl Cognac

Zubereitungszeit: ca. 10 Minuten (plus Grillzeit)
Pro Portion ca. 116 kcal/488 kJ
1 g E · 2 g F · 14 g KH

Nusseis

Je 250 ml Sahne und Milch mit dem Mark von 1/2 Vanilleschote aufkochen. 3 Eier und Eigelb mit 150 g Zucker schaumig schlagen. Die kochende Sahnemischung unter ständigem Rühren zugeben. 200 g gemahlene Haselnüsse unterrühren und 1 Stunde abkühlen lassen. Im Tiefkühler gefrieren lassen. Öfter umrühren.

Pistazieneis

Pistazieneis wie Nusseis zubereiten. Statt der 200 g gemahlenen Haselnüsse 200 g gemahlene Pistazien zugeben.

Für 4 Portionen
4 Bananen
1 El Zitronensaft
4 Tl brauner Zucker
2 El Butter
4 El Orangenmarmelade
4 Tl Kokosraspel

Zubereitungszeit: ca. 10 Minuten (plus Grillzeit)
Pro Portion ca. 217 kcal/910 kJ
2 g E · 6 g F · 39 g KH

Bananen in Folie

Bananen in Folie
Die Bananen schälen und auf ein Stück Alufolie legen. Mit Zitronensaft beträufeln, mit Zucker bestreuen und mit der Butter in Flöckchen belegen. Die Folien gut verschließen und die Päckchen auf dem heißen Grill etwa 8 bis 9 Minuten grillen.

Die Päckchen vom Grill nehmen und öffnen. Die Bananen mit Orangenmarmelade bestreichen und mit Kokosraspel bestreuen.

Bananen sollen mehr als 1 Millionen Jahre alt sein. Botanisch gehören die riesigen Stauden zu den Orchideen und Lilien, erkennbar an den wunderbaren rotvioletten Blüten, die bis zu 3 Meter lang werden können. Jede Bananenstaude kann nur einen Fruchtstand ausbilden, dann stirbt sie ab und und es wachsen neue Schösslinge. Man unterscheidet Obst-, Koch- und Gemüsebanane. Die dicke, gelbe und rote Schale ist ungenießbar. Eine glänzende Schale weist auf eine reife Frucht hin, grüne Stellen bedeuten Unreife. Bananen enthalten sehr viel Vitamin B_6 und Kalium.

Grill-Mango mit Rotweinsirup

Für 4 Portionen
400 ml Rotwein
75 g Zucker
1 Vanilleschote
1 Sternanis
3 reife Mangos
2 El Rapsöl
8 Amarettini

Zubereitungszeit: ca. 15 Minuten (plus Koch- und Grillzeit)
Pro Portion ca. 280 kcal/1176 kJ
1 g E · 5 g F · 40 g KH

Grill-Mango mit Rotweinsirup
Den Wein mit dem Zucker und der aufgeschnittenen Vanilleschote sowie dem Sternanis in einem Topf aufkochen und unter Rühren sirupartig auf die Hälfte einkochen. Den Topf vom Herd nehmen und abkühlen lassen. Die Vanilleschote und den Sternanis entfernen.

Die Mangos halbieren, Schale und Kern entfernen. Die Früchte in dickere Spalten schneiden, mit dem Öl einstreichen und auf dem heißen Grill etwa 3 bis 4 Minuten grillen. Die Mangospalten auf Tellern anrichten und mit dem Rotweinsirup beträufeln. Die Amarettini zerbröseln und darüberstreuen.

Vanillepudding
500 ml Milch bis auf 4 El mit dem Mark von 1 Vanilleschote aufkochen, 20 Minuten ziehen lassen. 4 El Milch mit 40 g Speisestärke verrühren, in die Vanillemilch rühren, aufkochen und fest werden lassen. Kalt stellen.

Fruchtpudding
500 ml Milch bis auf 4 El aufkochen. 4 El Milch mit 40 g Speisestärke verrühren, in die Milch rühren, aufkochen und 100 g Fruchtpüree nach Wahl unterrühren. Den Pudding festwerden lassen. Kalt stellen.

Grießpudding
1 Eigelb mit 2 El Milch verrühren. 1 l Milch mit 1 Prise Salz, 2 El Zucker und 1 Tl abgeriebener Zitronenschale aufkochen. 125 g Grieß einrühren und aufkochen lassen. Eigelb unterrühren. Eischnee und 100 g gewaschene Rosinen unter den Brei heben.

Banane mit Zimt-Orangen-Sauce
Die Orangenschale mit dem Saft und den beiden Zuckersorten in einen Topf geben und unter Rühren auf etwa 200 ml einkochen. Den Topf vom Herd nehmen, den Zimt in die Sauce rühren und abkühlen lassen.

Die Bananen mit Schale einmal längs und einmal quer halbieren. Auf der Schnittfläche mit der weichen Butter bestreichen und mit der Schnittfläche auf den heißen Grill legen. 2 bis 3 Minuten grillen, dann wenden und mit der Schale nach unten eine weitere Minute grillen.

Die Bananen vom Grill nehmen, schälen und auf Teller verteilen. Mit der Orangen-Zimt-Sauce beträufeln. Nach Belieben mit Eis oder geschlagener Sahne servieren und mit Mandelblättchen garnieren.

Banane mit Zimt-Orangen-Sauce

Für 4 Portionen
2 Tl abgeriebene Schale von
1 unbehandelten Orange
500 ml frischer Orangensaft
2 El Puderzucker
2 El brauner Zucker
½ Tl gemahlener Zimt
4 Bananen
2 El Butter
2 El geröstete Mandelblättchen

Zubereitungszeit: ca. 10 Minuten
(plus Koch- und Grillzeit)
Pro Portion ca. 263 kcal/1103 kJ
4 g E · 4 g F · 50 g KH

Mandeln sind die Samen des Mandelbaumes, der in der Bibel erwähnt wird und vorher bereits im asiatischen und nordafrikanischen Raum bekannt war. Er ist sehr kälteempfindlich und gedeiht nur in mediterranem Klima. Die Mandelfrucht enthält den ovalen Kern, die essbare Süßmandel. Bittermandeln enthalten giftige Stoffe und werden daher nur sparsam zum Aromatisieren von Speisen und Likören verwendet. Mandeln sind nicht nur in der Küche beliebt, sondern auch in der Heilkunde und Kosmetik.

Ananas mit Schokoraspel

Ananas mit Schokoraspel

Die Ananas schälen, schwarze Augen und harten Mittelstrunk entfernen und die Frucht in etwa 2 cm dicke Scheiben schneiden. Die Ananasscheiben mit dem Öl einstreichen und auf den heißen Grill legen. Von beiden Seiten goldbraun grillen und vom Grill nehmen.

Die Schokolade grob raspeln. Die Erdnüsse in einer Pfanne ohne Fett rösten.

Für 4 Portionen
1 Ananas
50 ml Rapsöl
125 g Bitterschokolade
100 g gehackte Erdnüsse

Zubereitungszeit: ca. 15 Minuten (plus Grillzeit)
Pro Portion ca. 392 kcal/1649 kJ
10 g E · 30 g F · 20 g KH

Die Ananasscheiben vierteln und auf Teller verteilen. Mit Schokolade und Erdnüssen bestreuen. Dazu geschlagene Vanille-Sahne servieren.

Tipp

Beim Schälen der Ananas ist es wichtig, alle dunklen „Augen" an der Außenseite zu entfernen. Denn sie sind faserig und nicht essbar. Auch der harte Strunk in der Mitte stört das Geschmackserlebnis.

FLAMBIERTE PFIRSICHE MIT CRÈME FRAÎCHE

APRIKOSEN MIT VANILLECREME

ANANAS MIT KOKOSCREME

APFEL MIT SCHOKOCREME

NEKTARINEN MIT KARAMELLCREME

MANGO MIT MINZCREME

Weinbergpfirsiche mit Mascarponecreme

Für 4 Portionen
8 El Butter
75 g brauner Zucker
6 große oder 8 kleine Weinbergpfirsiche*
50 ml Sonnenblumenöl
50 ml Vin Santo*
¼ Tl gemahlener Zimt*
Salz
50 g gehackte und geröstete Pekannüsse*
100 g Mascarpone*

Zubereitungszeit: ca. 15 Minuten (plus Koch- und Grillzeit)
Pro Portion ca. 448 kcal/1876 kJ
5 g E · 32 g F · 36 g KH

Weinbergpfirsiche mit Mascarponecreme
Die Butter mit dem Zucker in einen Topf geben und unter Rühren schmelzen. Weiterrühren, bis der Zucker sich aufgelöst hat und die Masse cremig ist.

Die Pfirsiche waschen, trocken tupfen und halbieren, den Stein entfernen. Die Pfirsiche auf der Schnittfläche mit Öl einstreichen und auf den heißen Grill legen (Schnittfläche nach unten). 3 Minuten grillen, dann wenden und weitere 3 bis 4 Minuten grillen. Vom Grill nehmen und die Pfirsichhälften zu Vierteln schneiden.

Den Dessertwein in die noch warme Butter-Zucker-Creme rühren und mit Zimt und etwas Salz würzen. Die Nüsse und den Mascarpone unterheben. Die Pfirsiche auf Schalen verteilen, die Sauce darübergeben.

* Die mit einem Sternchen versehenen Zutaten können ausgetauscht werden. Gewürze und Kräuter je nach Belieben.

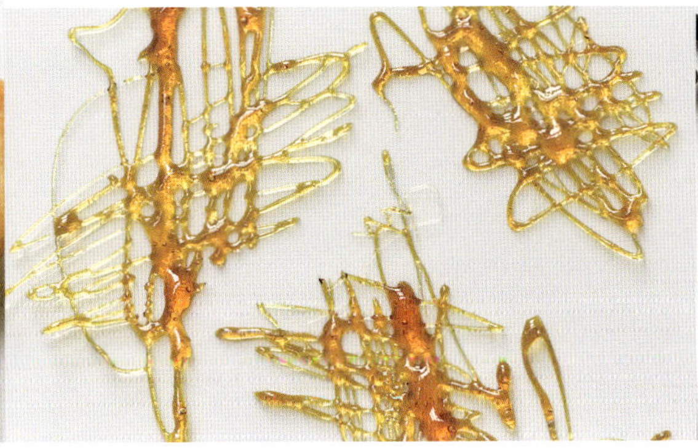

Tuilles

Aus 200 g Puderzucker, 120 g Mehl, 120 g flüssiger Butter und 3 geschlagenen Eiweiß einen Teig bereiten, etwas Teig abnehmen und mit 2 El Kakaopulver mischen. Teig ausrollen, ausstechen und auf ein gefettetes Backblech legen. Mit dem Kakaoteig verzieren. Im Backofen bei 180 °C (Umluft 160 °C) backen.

Karamelldekoration

In einer Pfanne Zucker in etwas geschmolzener Butter auflösen. Auf Papier Muster ziehen und erkalten lassen, dann vorsichtig vom Papier lösen.

Schokoladengitter

Schokolade unter Rühren schmelzen. Mit einem Holzstäbchen auf Papier Muster ziehen und erkalten lassen, dann vorsichtig vom Papier lösen.

Papaya vom Grill mit Rumrosinen und Eis

Papaya vom Grill mit Rumrosinen und Eis
Die Papaya schälen, die Kerne herauslösen und jede Frucht in Spalten schneiden. Die Rosinen heiß abspülen. 6 große Stücke Alufolie bereit legen und darauf die Papayaspalten legen. Die Rosinen, die Butter in kleinen Stücken, den Zucker und den Rum aufteilen und über die Fruchtspalten geben. Die Alufolie verschließen und die Päckchen auf dem heißen Grill etwa 12 Minuten grillen. Vom Grill nehmen und 5 Minuten ruhen lassen.

Anschließend die Päckchen öffnen und die Fruchtmischung auf Teller verteilen. Mit je 1 Kugel Eis servieren.

Für 4–6 Portionen
2 Papaya
50 g Rosinen
8 El Butter
8 El brauner Zucker
100 ml brauner Rum
4 Kugeln Vanilleeis

Zubereitungszeit: ca. 15 Minuten (plus Grill- und Ruhezeit)
Pro Portion ca. 263 kcal/1106 kJ
3 g E · 11 g F · 27 g KH

Englische Crème

8 Eigelb mit 250 g Zucker schaumig schlagen. 500 ml Milch mit 3 in Scheiben geschnittenen, unbehandelten Zitronen aufkochen, Zitronen entfernen, Zuckermischung einrühren. Die Masse in Förmchen füllen und im Ofen bei 150 °C im heißen Wasserbad fest werden lassen. Abkühlen lassen, stürzen.

Crème Brulée

400 ml Sahne, 200 ml Milch, Mark von 1 Vanilleschote und 90 g Zucker verrühren. 4 Eigelb zugeben und schaumig schlagen. In Förmchen geben und im Wasserbad im Ofen bei 150 °C (Umluft 130 °C) etwa 60 Minuten fest werden lassen. Kalte Crème mit braunem Zucker bestreuen und mit dem Bunsenbrenner karamellisieren.

Für 4 Portionen	12 Erdbeeren
Saft und abgeriebene Schale von 1 unbehandelten Zitrone	2 El Butter
5 cl weißer Rum	Saft von 1 Orange
3 El brauner Zucker	3 El Honig
2 Bananen	Puderzucker zum Bestreuen
3 Scheiben frische Ananas	
3 Aprikosen	
12 Kirschen	

Zubereitungszeit: ca. 15 Minuten (plus Marinier- und Grillzeit)
Pro Portion ca. 216 kcal/908 kJ
2 g E · 3 g F · 36 g KH

Gemischte Fruchtspieße

Gemischte Fruchtspieße
Den Saft und die abgeriebene Schale der Zitrone mit dem Rum und dem braunen Zucker in einer Schüssel verrühren. Die Bananen schälen und in etwa 2,5 cm große Scheiben schneiden. Die Ananasscheiben vierteln. Die Aprikosen waschen, halbieren, die Steine entfernen. Die Kirschen und Erdbeeren putzen und waschen, die Kirschen entsteinen. Das Obst in die Rummischung legen und etwa 30 Minuten marinieren. Mehrmals wenden.

Die Früchte anschließend abwechselnd auf Spieße stecken, die mit Butter eingerieben wurden. Die restliche Marinade mit dem Orangensaft und dem Honig in einem Topf aufkochen und cremig einkochen.

Die Spieße auf dem heißen Grill in Aluschalen etwa 3 Minuten grillen, dabei mehrmals mit der Sauce bestreichen. Mit Puderzucker bestreut servieren.

Karibische Garnelen-Frucht-Spieße

Für 4 Portionen
12 Riesengarnelen
Saft von ½ Zitrone
2 El Orangensaft
1 El Sesamöl
2 El Sojasauce
1 El Honig
½ Ananas
½ Papaya
Salz

Zubereitungszeit: ca. 15 Minuten (plus Marinier- und Grillzeit)
Pro Portion ca. 196 kcal/822 kJ
31 g E · 4 g F · 8 g KH

Karibische Garnelen-Frucht-Spieße

Die Riesengarnelen schälen, den Rücken mit einem scharfen Messer einschneiden und den Darm entfernen. Garnelen waschen, trocken tupfen und in eine Schale legen.

Den Zitronen- und Orangensaft, das Sesamöl, die Sojasauce und den Honig verrühren, über die Garnelen geben und etwa 30 Minuten marinieren lassen.

Die Ananas schälen, den harten Strunk entfernen und das Fruchtfleisch in Scheiben, dann in mundgerechte Stücke schneiden. Die Papaya schälen, die Kerne herauslösen und das Fruchtfleisch würfeln.

Die Garnelen aus der Marinade nehmen und abwechselnd mit Ananas- und Papayastücken auf Spieße stecken. Auf dem heißen Grill von jeder Seite etwa 3 Minuten grillen. Mehrmals mit der Marinade bestreichen und wenden. Zuletzt salzen.

Reis mit Zuckerschoten

250 g Reis nach Packungsanweisung körnig garen. 150 g geputzte Zuckerschoten 3 Minuten in kochendem Wasser blanchieren. Abgetropft unter den gegarten Reis heben und mit Salz und Pfeffer abschmecken.

Reis mit Garnelen

250 g Reis nach Packungsanweisung körnig garen. 200 g gekochte Garnelen ohne Kopf kurz vor Ende der Garzeit zum Reis geben und mit erhitzen. Würzen.

Reis mit Speck

250 g Reis nach Packungsanweisung mit 1 Tl Curry körnig garen. 125 g Bauchspeck in kleine Stücke schneiden und in der Pfanne knusprig rösten. Unter den Reis heben und mit Salz und Pfeffer würzen.

Apfel-Hack-Spieße
Das Hackfleisch in eine Schüssel geben. Die Zwiebel schälen und fein hacken. Mit den Eiern und Rosinen zum Fleisch geben und mit Salz, Pfeffer, Paprikapulver und Petersilie abschmecken. Aus der Masse Bällchen formen.

Den Speck in mundgerechte Stücke schneiden. Die Äpfel waschen, trocken tupfen, vierteln und entkernen. Mit etwas von dem Zitronensaft beträufeln.

Abwechselnd Hackbällchen mit Apfelspalten und Speck auf Spieße stecken. Auf dem heißen Grill etwa 6 bis 7 Minuten von jeder Seite garen, bis die Hackbällchen gut durchgegrillt sind.

Die Butter schmelzen, Zucker, restlichen Zitronensaft und Sojasauce zugeben und gut verrühren. Die Apfelspieße während des Grillens mit der Sauce bestreichen. Die Spieße mit der restlichen Sauce servieren.

Apfel-Hack-Spieße

Für 4 Portionen
500 g gemischtes Hackfleisch
1 Zwiebel
2 Eier
4 El Rosinen
Salz, Pfeffer
1 El Paprikapulver
1 El frisch gehackte Petersilie
200 g durchwachsener Speck
3 Äpfel
Saft von 1 Zitrone
50 g Butter
1 Tl Zucker
1 Tl Sojasauce

Zubereitungszeit: ca. 20 Minuten
(plus Koch- und Grillzeit)
Pro Portion ca. 583 kcal/2447 kJ
37 g E · 40 g F · 19 g KH

Äpfel gibt es in zahlreichen, unterschiedlich reifenden Apfelsorten – Sommeräpfel, die nicht lange gelagert werden können, und Herbstäpfel, die den Winter gut im Keller überstehen. Äpfel sind vielseitig anwendbar: zum Rohessen, Kochen, Backen, für Apfelmus, -saft und -gelee. Äpfel enthalten sehr viel Betakarotin, Kalium und etwas Vitamin C.

Ananas mit Rum-Karamell

Ananas mit Rum-Karamell

Die Butter in einem Topf schmelzen, den Rum und Zucker zugeben und rühren, bis er sich aufgelöst hat. 100 g Crème fraîche zugeben und die Mischung cremig rühren. Vom Herd nehmen und warm stellen.

Die Ananas schälen, Augen und Mittelstrunk entfernen, die Frucht in etwa 2 cm dicke Scheiben schneiden. Mit dem Rapsöl einstreichen und auf dem heißen Grill von jeder Seite etwa 3 Minuten grillen.

Die gegrillten Ananasscheiben auf Tellern mit dem Rum-Karamell überziehen und mit der restlichen Crème fraîche und Minzeblättchen garnieren.

Für 4 Portionen
2 El Butter
2 El brauner Rum
100 g brauner Zucker
150 g Crème fraîche
1 mittelgroße Ananas
50 ml Rapsöl
Minzeblättchen zum Garnieren

Zubereitungszeit: ca. 15 Minuten
(plus Koch- und Grillzeit)
Pro Portion ca. 360 kcal/1512 kJ
1 g E · 26 g F · 30 g KH

2003 Chateau le Thibaut Monbazillac
Leuchtend goldgelb im Glas, mit intensiven Aromen von kandierter Ananas, begleitet von Vanille- und Karamellnoten. Saftige, süßliche Fruchtfülle und vollmundige Edelsüße. Er hat Schmelz, Eleganz und einen feinwürzigen Nachhall.

GEFÜLLTE ÄPFEL MIT GEMISCHTEN NÜSSEN UND HONIG

GEFÜLLTE ÄPFEL MIT GEHACKTEN TROCKENFRÜCHTEN

GEFÜLLTE ÄPFEL MIT MARZIPAN

GEFÜLLTE BIRNEN MIT RUM-ROSINEN

GEFÜLLTE PFIRSICHHÄLFTEN MIT KOKOS

GEFÜLLTE NEKTARINEN MIT BISKUITBRÖSELN

Gefüllte Grilläpfel mit Kokos

Für 4 Portionen
100 g Kokosraspel*
2 El gehackte Erdnüsse*
4 El Aprikosenkonfitüre*
1/4 Tl gemahlener Zimt*
4 Äpfel*
Butter

Zubereitungszeit: ca. 15 Minuten (plus Grillzeit)
Pro Portion ca. 268 kcal/1124 kJ
3 g E · 20 g F · 20 g KH

Gefüllte Grilläpfel mit Kokos
Die Kokosraspel mit den Erdnüssen in einer Pfanne ohne Fett goldgelb rösten. Die Mischung mit der Aprikosenkonfitüre und dem Zimt verrühren.

Die Äpfel waschen und trockentupfen. Das Kerngehäuse mit einem Apfelausstecher entfernen und die Kokos-Mischung einfüllen.

Jeden Apfel separat in ein ausreichend großes Stück gebutterte Alufolie einwickeln und auf dem heißen Grill etwa 40 Minuten weich grillen.

* Die mit einem Sternchen versehenen Zutaten können ausgetauscht werden. Gewürze und Kräuter je nach Belieben.

Rumeis
Das Eis wie das Nusseis auf Seite 225 zubereiten. Die Haselnüsse entfallen. Stattdessen 2 bis 3 El Rum unter die Milch-Sahne-Masse rühren.

Erdbeereis
Das Eis wie das Nusseis auf Seite 225 zubereiten. Die Haselnüsse entfallen. Stattdessen 120 g Erdbeermus zugeben und grob unterheben.

Zimteis
Die Grundmischung wie beim Nusseis auf Seite 225 zubereiten. Der Milch-Sahne-Mischung statt der Nüsse 1 Tl gemahlenen Zimt zugeben.

2003 Moscato Passito „Avi“
Cascina Castlet, Piemont
In der Farbe intensiv goldgelb. In der Nase erinnert er an Orangenblüten, süße Gewürze und Vanille. Die feine Säure harmoniert hervorragend mit der intensiven Süße.

Aprikosen mit griechischem Joghurt und Honig

Aprikosen mit griechischem Joghurt und Honig
Die Aprikosen waschen, trocken tupfen, halbieren und den Stein entfernen. Die Früchte auf der Schnittfläche mit dem Öl einstreichen und mit dieser Seite auf den heißen Grill legen. Ungefähr 2 Minuten grillen, dann wenden und die Aprikosen auf der anderen Seite weitere 2 Minuten grillen.

Den Honig mit den Nüssen mischen und in einem Topf unter Rühren erwärmen. Die gegrillten Aprikosenhälften auf Tellern anrichten, mit dem Joghurt überziehen und die Honigsauce darüberträufeln. Mit Zitronenmelisse garniert servieren.

Für 4 Portionen
6 Aprikosen
3 El Sonnenblumenöl
75 g Honig
50 g gehackte und geröstete Walnüsse
150 g griechischer Joghurt
Zitronenmelisse zum Garnieren

Zubereitungszeit: ca. 10 Minuten (plus Grillzeit)
Pro Portion ca. 229 kcal/965 kJ
4 g E · 13 g F · 23 g KH

Eingelegte Walnüsse

Einige Walnüsse in einer Mischung aus 3 El Honig und 2 El Cognac einlegen. Als Beilage zu den gegrillten Aprikosen reichen.

Eingelegte Backpflaumen

250 g Backpflaumen in einer Mischung aus 100 ml Portwein, 1/2 Tl Zimt, 1 Prise gemahlene Nelken und 1 Tl Honig einlegen.

Für 4 Portionen
500 g Roastbeef
1 Zwiebel
1 Knoblauchzehe
2 Ananasscheiben aus der Dose
75 ml brauner Rum
1 kleine Papaya
2 El Sherryessig
2 El Wallnussöl

Zubereitungszeit: ca. 15 Minuten
(plus Marinier- und Grillzeit)
Pro Portion ca. 260 kcal/1092 kJ
29 g E · 8 g F · 7 g KH

Tropische Grillspieße

Tropische Grillspieße

Das Fleisch waschen, trocken tupfen und in mundgerechte Würfel schneiden. Zwiebel und Knoblauchzehe schälen und fein hacken. Die Ananasscheiben abtropfen lassen und würfeln. Diese Zutaten in einer Schüssel miteinander mischen und mit dem Rum übergießen. Bei Raumtemperatur etwa 4 Stunden durchziehen lassen.

Die Papaya schälen, halbieren und die Kerne herauslösen. Das Fruchtfleisch in Würfel schneiden. Fleisch und Ananas aus der Marinade nehmen und abtropfen lassen. Abwechselnd Fleisch-, Ananas- und Papayawürfel auf Spieße stecken.

Den Essig mit dem Öl verrühren und die Spieße damit einstreichen. Auf dem heißen Grill etwa 4 Minuten grillen, dann wenden, erneut mit der Mischung bestreichen und weitere 4 Minuten grillen. Dazu schmeckt eine süß-saure Sauce.

Birnenpäckchen mit Käsecreme

Für 4 Portionen
4 Birnen
2 El Butter
2 El Preiselbeergelee
100 g Blauschimmelkäse
75 ml Sahne
2 Tl Zucker
½ Tl Zimt

Zubereitungszeit: ca. 10 Minuten (plus Grillzeit)
Pro Portion ca. 255 kcal/1071 kJ
7 g E · 16 g F · 23 g KH

Birnenpäckchen mit Käsecreme
Die Birnen gut waschen und abtrocknen, halbieren und das Kerngehäuse herausschneiden. Die Hälften auf 4 gefettete Stücke Alufolie setzen und mit der zerlassenen Butter bestreichen. Die Päckchen verschließen und die Birnen auf dem heißen Grill etwa 10 Minuten grillen, mehrmals wenden.

Inzwischen das Preiselbeergelee mit dem Blauschimmelkäse und der Sahne cremig rühren.

Die gegrillten Birnen auspacken und mit Zucker und Zimt bestreuen. Mit der Käsecreme servieren.

Quark

Als Quark wird Frischkäse bezeichnet, der noch nicht gereift ist. Er wird aus teilentrahmter, pasteurisierter Milch hergestellt, der Milchsäurebakterien und Lab junger Kälber zugegeben werden. Nach der Gärung sind Molke und Quark getrennt.

Frischkäse

Frischkäse ist ungereifter Käse. Der Milch wurden nur Milchsäurebakterien, kein Lab zugegeben. Es gibt Rahm-, Doppelrahmfrischkäse und körnigen Frischkäse (Hüttenkäse). Oft wird der Frischkäse mit Früchten, Kräutern, Meerrettich, Gemüse oder anderen Zutaten verfeinert.

Mascarpone

Mascarpone ist wie Ricotta ein Frischkäse, den man vor allem von italienischen Süßspeisen kennt. Mascarpone besteht vor allem aus Sahne und Crème fraîche, die mit Kalbslab versetzt werden. Daher ist er sehr fetthaltig.

Ed Hardy
By Christian Audigier

Rezeptverzeichnis